collection Spirales

Sous la direction de
PIERRE COLIN
Conseiller pédagogique

Avec la collaboration de
LILIANE SOSSA
Professeur en IUFM

MICHEL BOUCHET
Directeur d'école

JEAN-LUC CARON
Conseiller pédagogique

PIERRE-LOUIS GLASER
Psychologue de l'éducation

GÉRARD MADELEINE
Instituteur spécialisé

MARCEL RICADAT
Conseiller pédagogique

MICHEL WORMSER
Instituteur spécialisé

maths CE2

CYCLE DES APPROFONDISSEMENTS

Mon nom :

....

....

....

NATHAN

Ton fichier de mathématiques

Mode d'emploi

Ton fichier est organisé en **5 périodes** qui correspondent chacune à un moment de ton année de CE2 : la rentrée des classes, l'automne, Noël, le printemps, l'été. Pour reconnaître ces 5 périodes, c'est facile : tu trouveras à chaque fois **un jeu d'entrée** à colorier ou à compléter.

Une couleur différente t'indique ce que tu vas étudier dans chaque leçon : vert pour la **géométrie**, bleu pour le **calcul** et les **nombres**, violet pour la **mesure** et orange pour la **résolution de problèmes**.

Les séquences

Chaque séquence occupe une double page.

- En page de gauche, **une activité de découverte** reprend des activités que tu as faites avec ton maître. Pour certaines séquences, tu auras besoin **des fiches de matériel cartonnées** à la fin de ton fichier. Tu y découvriras, par exemple, les cartons des nombres. Prends-en soin car ils te serviront souvent.

  Après l'activité de découverte, tu trouveras la rubrique **Repères**. C'est l'essentiel de ce que tu dois retenir. Tu pourras t'y reporter pour faire tes exercices. Complète les parties en pointillés.

- En page de droite, les numéros des **exercices** sont dans des pastilles de couleur : commence par le jaune 1 (le plus facile), puis l'orange 2 et essaie d'aller jusqu'au rouge 3 (le plus difficile).

  La rubrique **Étude** te propose un dernier exercice à faire après la leçon (ou en étude dirigée). N'oublie pas d'évaluer ton travail en comptant le nombre de réponses justes et en indiquant si tu as eu besoin d'aide.

- Certaines séquences vont te fournir **des conseils méthodologiques**. Tu y apprendras, par exemple, comment bien présenter tes travaux écrits ou comment lire un graphique.

I.S.B.N. 2.09.121224.5

Maths en équipes

À la fin de chaque période, tu trouveras **un « jeu-concours »** où plusieurs équipes vont s'affronter. Chaque équipe, constituée de 2 à 4 élèves, doit à chaque fois résoudre 7 à 8 énigmes selon le temps indiqué. L'équipe gagnante est celle qui totalise le plus grand nombre de points. Mais pour gagner, il faut aussi savoir travailler ensemble et bien s'organiser !

Les évaluations

À la fin de chaque période, tu peux faire **un bilan** de ce que tu as appris. Quand tu auras fini le bilan, reporte tes résultats sur la couverture de ton fichier, dans le tableau intitulé **Ce que je sais**. Tu pourras voir d'un seul coup d'œil ce que tu sais bien faire et les domaines où tu dois progresser.

Le calcul réfléchi

Au début de chaque séquence, tu vas t'entraîner au **calcul rapide**. Pour répondre aux questions de ton maître, écris tes réponses sur une feuille de brouillon ou sur ton ardoise.

Les fiches Ressource

Ces « **aide-mémoire** » situés **à la fin de ton fichier** te seront très utiles pour retrouver un renseignement que tu aurais oublié. Tu apprendras aussi dans ces fiches comment l'homme comptait autrefois, de quel pays vient le Tangram et bien d'autres choses encore. **L'histoire des mathématiques**, c'est passionnant !

Voici maintenant quelques conseils pratiques qui t'aideront en chemin.

- **Écris sur ton fichier avec un crayon à papier ou un feutre effaçable :** tu pourras corriger si tu t'es trompé. Tu peux aussi t'entraîner au brouillon pour les opérations avant de recopier au propre sur ton fichier.
- **Pour occuper moins de place, tu peux plier ton fichier en 2.** C'est pratique pour travailler : avec la spirale, ton fichier est bien à plat !

Ton maître sera toujours là pour t'aider s'il y a quelque chose que tu ne comprends pas.

Sommaire

Géométrie
Nombres et calcul
Mesure
Résolution de problèmes

Période 1

Au temps de la Révolution

■ Lis bien cet extrait d'un calendrier révolutionnaire.

		AUTOMNE 1. VENDÉMIAIRE	
Septembre	22	1 Raisin.	*1re décade*
		2 Safran.	
		3 Châtaigne.	
		4 Colchique.	
		5 CHEVAL.	
		6 Balsamine.	
		7 Carotte.	
		8 Amarante.	
	30	9 Panais.	
Octobre	1	10 CUVE.	
		11 Pomme de terre.	*2e décade*
		12 Immortelle.	
		13 Potiron.	
		14 Réséda.	
		15 ÂNE.	
		16 Belle-de-nuit.	
		17 Citrouille.	
		18 Sarrasin.	
		19 Tournesol.	
	11	20 PRESSOIR.	

• De quelle saison s'agit-il ?

....

• Le 28 septembre était le 7e jour de vendémiaire, jour de la « Carotte ». À quels jours correspondent « Potiron » et « Citrouille » ?

....

....

• Complète la phrase.

La semaine de 7 jours était remplacée

par ....

■ Colorie selon le code la danse des révolutionnaires.

0 à 50	orange
51 à 99	bleu

1 La règle et l'équerre

Calcul réfléchi, séquence 1 p. 32.

En classe

Fabrique une équerre transparente avec une feuille de papier calque.

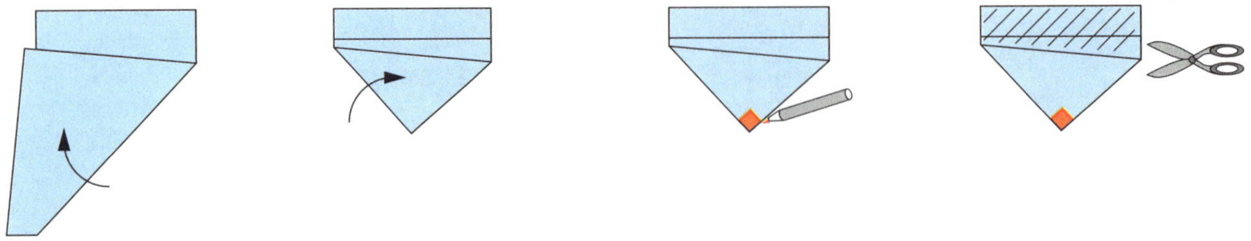

(1) Plie une feuille de papier calque.

(2) Plie une seconde fois le long du pli.

(3) Marque l'angle droit d'un petit carré.

(4) Découpe pour obtenir ton équerre.

Cherche des angles droits autour de toi.

Déplie ton équerre et repasse sur les plis avec ton crayon et ta règle.

Les droites se coupent et forment 4 angles droits : ce sont des droites perpendiculaires.

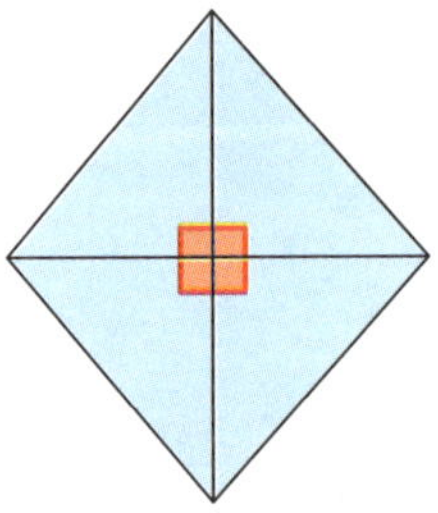

Repères

Je comprends

• Pour vérifier qu'un angle est droit, j'utilise une équerre.

Cette figure a .... angles droits.

• Si l'on prolonge les 2 côtés de l'angle droit d'une équerre, on obtient 2 droites perpendiculaires.

Pour indiquer que 2 droites sont perpendiculaires, on dessine un petit carré dans l'un des angles.

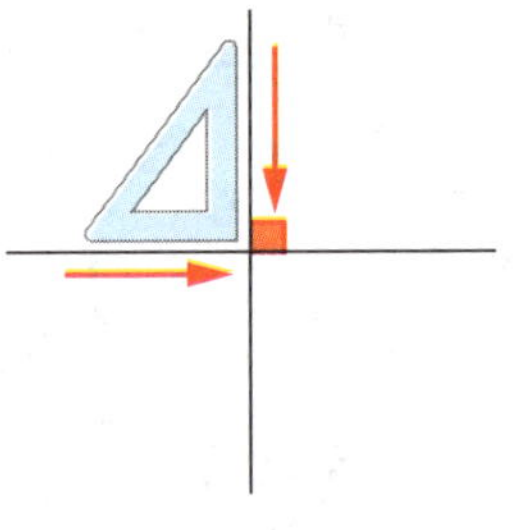

Demain je saurai...

Reconnaître et tracer des angles droits.
Reconnaître des droites perpendiculaires.

Lire aussi la fiche Ressource III c, p. 154.

Exercices

1 **Marque en rouge les angles droits** et en bleu ceux qui ne le sont pas. Sers-toi de ton équerre transparente.

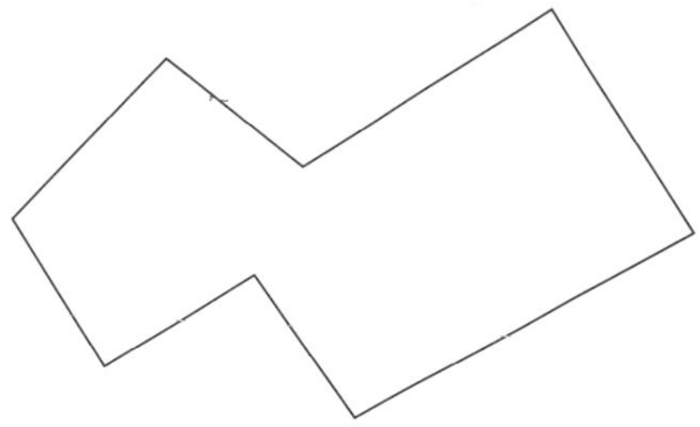

2 **Indique les droites perpendiculaires** en marquant l'angle droit.

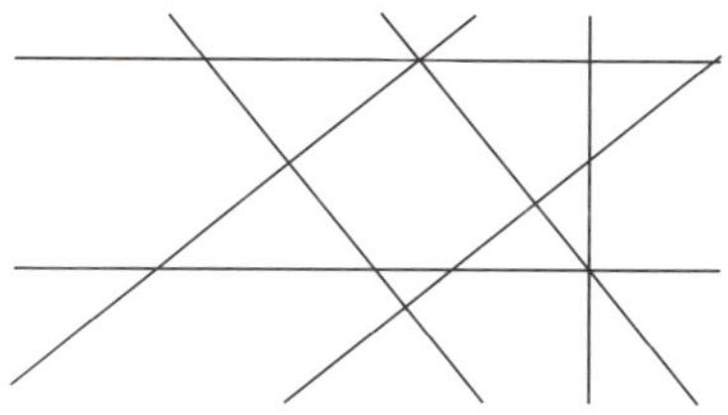

3 **Termine ce rectangle,** puis indique les angles droits.

4 **Reproduis ce dessin** avec ton équerre et ta règle.

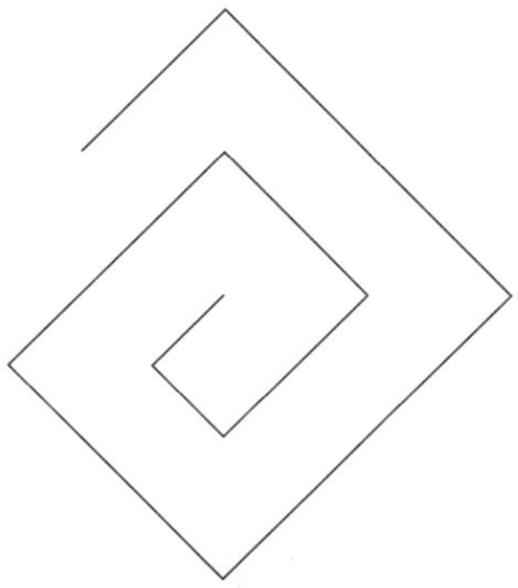

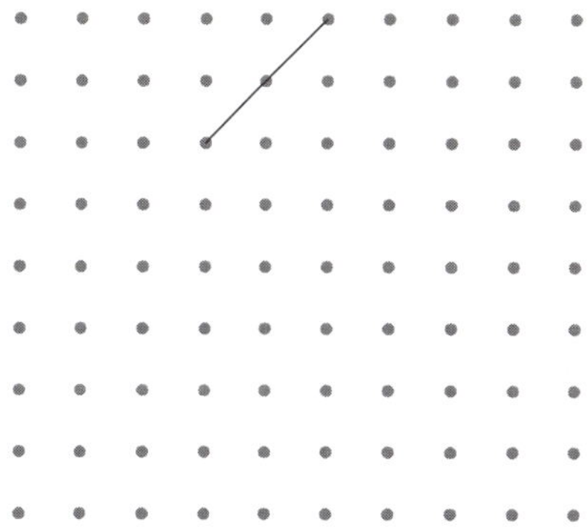

Étude

Reproduis cette figure en utilisant ton équerre pour les angles droits et ton double décimètre pour les côtés.

J'évalue mon travail

Je compte le nombre de points gagnés (1 point par angle droit). / 6

- *Durée conseillée : 15 min* *J'ai mis moins de 15 min* ❐ *J'ai mis plus de 15 min* ❐
- *Aides possibles : un camarade* ❐ *le maître* ❐

2 Les nombres de 0 à 99

Calcul réfléchi, séquence 2 p. 32.

La spirale et les cartons des nombres

Écris les nombres qui manquent sur la spirale.

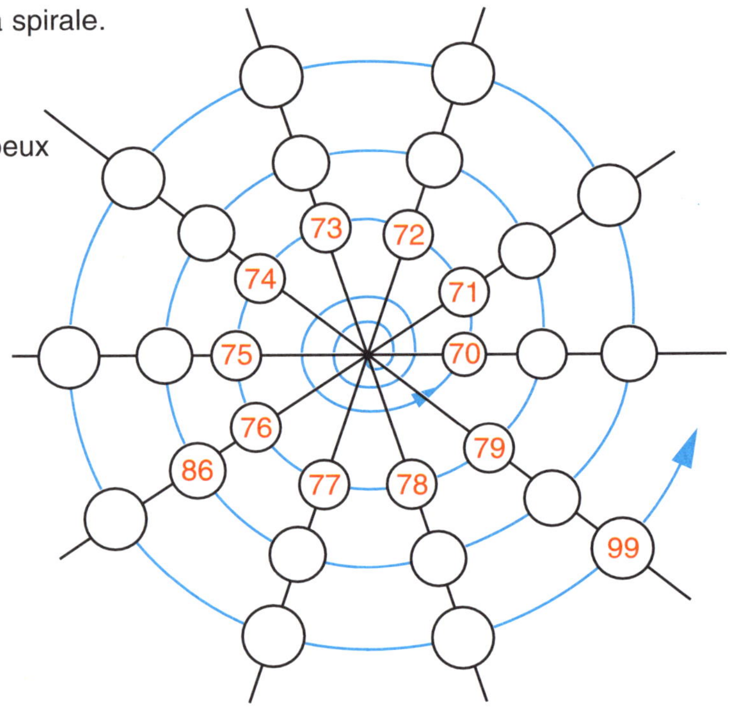

Écris les nombres à 2 chiffres que tu peux obtenir en superposant les cartons.

8 0		2	→	8 2
80	+	2	=	82

7 0		8	→	

....

9 0		5	→	

....

Compare en utilisant les signes < ou >.

58 • 64 50 + 8 • 64

72 • 64 70 + 2 • 60 + 4

Repères

Je comprends

- Je peux écrire les nombres de plusieurs façons.

8 0 / 7	→	80 + 7
8 7	→	87

- Je peux comparer les nombres avec une spirale ou une bande numérique.

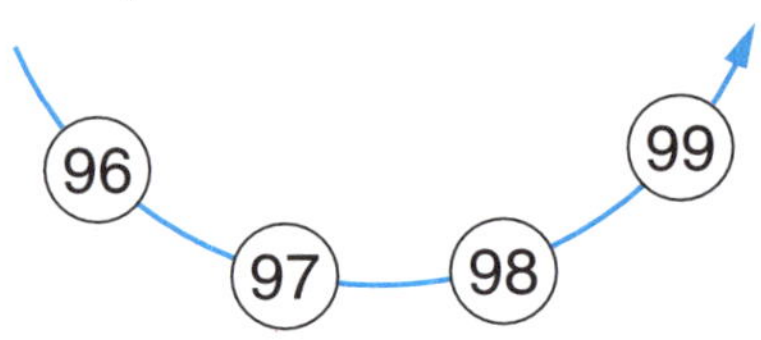

96 est avant 99 : 96 < 99
99 est après 96 : 99 > 96

Demain je saurai...

Écrire et comparer les nombres de 0 à 99.

Activités préparatoires, guide pédagogique, leçon 2.

Exercices

1 **Place ces nombres sur la droite numérique :** 49 - 75 - 92 - 68 - 97 - 86 - 71 - 59.

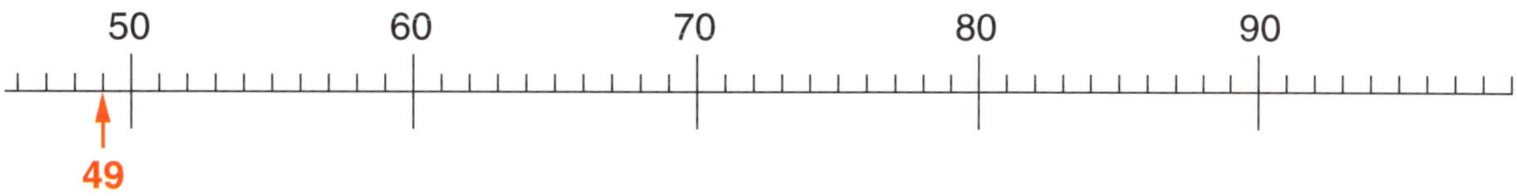

2 **Place les nombres** comme il convient de chaque côté des signes.

37 et 84	....	<	....
71 et 49	....	<	....
98 et 89	....	>	....
56 et 65	....	>	....

3 **Relie les écritures** d'un même nombre.

90 + 8 •	• 68
60 + 8 •	• 60 + 18
70 + 8 •	• 70 + 18
80 + 8 •	• 80 + 18

4 Par sécurité, Léa a codé son message avec des écritures additives. **Traduis-le.**

- 15 + 5 + 2 ....
- 50 + 30 + 1 + 1 ....
- 10 + 10 + 10 + 5 ....
- 20 + 20 + 20 + 3 ....
- 10 + 20 + 5 ....
- 60 + 10 + 5 ....
- 50 + 2 ....
- 50 + 20 + 10 + 10 + 5 ....
- 50 + 10 + 2 + 1 ....
- 30 + 20 + 2 ....
- 20 + 10 + 10 + 5 + 2 ....
- 10 + 10 + 5 + 4 ....
- 30 + 3 + 2 ....
- 30 + 30 + 30 + 5 + 4 ....
- 20 + 20 + 10 + 2 ....

Que dit le message ?

....

Étude

Trouve 2 écritures additives pour chaque nombre.

46	58	74	92
....	....	....	....
....	....	....	....

J'évalue mon travail

Je compte le nombre de réponses justes. | /8 |

- *Durée conseillée : 10 min* — *J'ai mis moins de 10 min* ❐ — *J'ai mis plus de 10 min* ❐
- *Aides possibles : les cartons des nombres* ❐ — *un camarade* ❐ — *le maître* ❐

Activités complémentaires, guide pédagogique, leçon 2.

3 Les nombres de 0 à 999 (1)

Calcul réfléchi, séquence 3 p. 32.

Les cartons des nombres

Pour écrire le nombre 651, Johan remplit un tableau. Avant, il a superposé 3 cartons.
Complète ses cartons.

6	5	1	→	....	......	...

Caroline utilise un abaque et superpose 3 cartons pour obtenir un nombre.

Quel est ce nombre ? .... Observe l'abaque et décompose : c + d + u ....

Nadia a six cartons. Elle obtient le nombre 962 en superposant 3 cartons : 900 + 60 + 2. **Écris en chiffres et en lettres tous les nombres** à 3 chiffres que Nadia peut obtenir en superposant 3 cartons.

962 ....neuf cent soixante-deux.... ....

....

....

....

Repères

Je comprends

Je peux décomposer un nombre de plusieurs façons : 348 (trois cent quarante-huit).

3	0	0
	4	0
		8

300 + 40 + 8

c	d	u
3	4	8

3 c + 4 d + 8 u

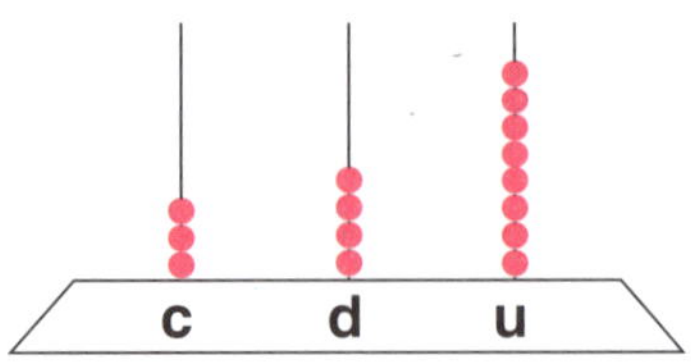

(3 × 100) + (4 × 10) + 8

▶ Je décompose 671 de 3 façons et je fais vérifier par un de mes camarades.

Demain je saurai...

Écrire les nombres de 0 à 999 de plusieurs façons.

Lire aussi la fiche Ressource I c, p. 147.

Exercices

1 **Écris ces nombres en chiffres.**

Trois cent dix-huit : ....

Deux cent soixante-dix : ....

Cent cinquante-cinq : ....

Sept cent quatre-vingt-dix-sept : ....

Quatre cent sept : ....

Neuf cent trente : ....

2 **Écris chaque nombre** dans la case qui convient.

658 - 586 - 632 - 865 - 705 - 415
780 - 607 - 935 - 610 - 481 - 283

nombres dont le chiffre des centaines est 6	*nombres dont le chiffre des dizaines est 8*	*nombres dont le chiffre des unités est 5*
....	....	....
....	....	....
....	....	....
....	....	....

3 **Relie les écritures d'un même nombre.**

300 + 20 + 4	200 + 30 + 4	200 + 40 + 4	300 + 40 + 4	400 + 20 + 4
•	•	•	•	•
•	•	•	•	•
$(3 \times 100) + (4 \times 10) + 4$	$(4 \times 100) + (2 \times 10) + 4$	$(3 \times 100) + (2 \times 10) + 4$	$(2 \times 100) + (4 \times 10) + 4$	$(2 \times 100) + (3 \times 10) + 4$

Étude

Complète.

c	d	u

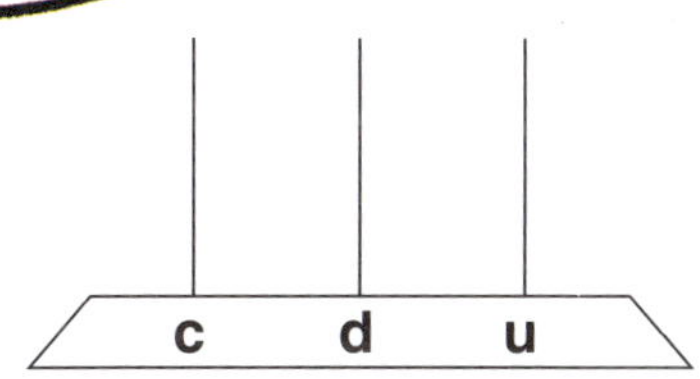

Écris ce nombre de 3 façons.

....

....

....

J'évalue mon travail

Je compte le nombre de réponses justes (2 points par réponse juste). / 6

- *Durée conseillée : 10 min* *J'ai mis moins de 10 min* ❐ *J'ai mis plus de 10 min* ❐
- *Aides possibles : les cartons des nombres* ❐ *un abaque* ❐ *un camarade* ❐ *le maître* ❐

Savoir utiliser les fiches Ressource

1  Les fiches Ressource me renseignent dans plusieurs domaines mathématiques.

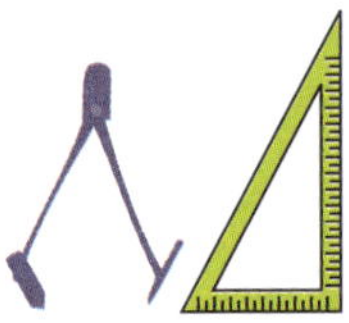

la géométrie

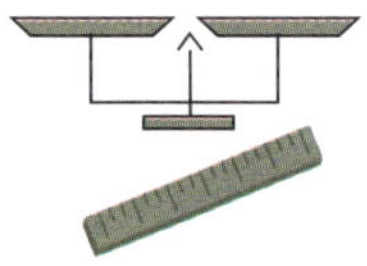

la mesure

la résolution de problèmes

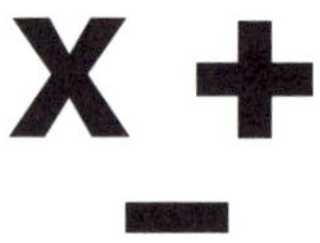

les nombres et les calculs

■ Chaque domaine mathématique est repéré par une couleur.
Relie chaque domaine à la couleur qui lui correspond.

la géométrie •		• (bleu)
la mesure •		• (orange)
la résolution de problèmes •		• (vert)
les nombres et les calculs •		• (bleu foncé)

■ Dans chaque domaine, tu vas trouver des informations sur les mathématiques d'ailleurs et d'autrefois.

Écris le numéro de la fiche Ressource où tu as trouvé la réponse.

Les hommes de la préhistoire savaient-ils compter ? ☐

Existe-t-il des formes géométriques dans la nature ? ☐

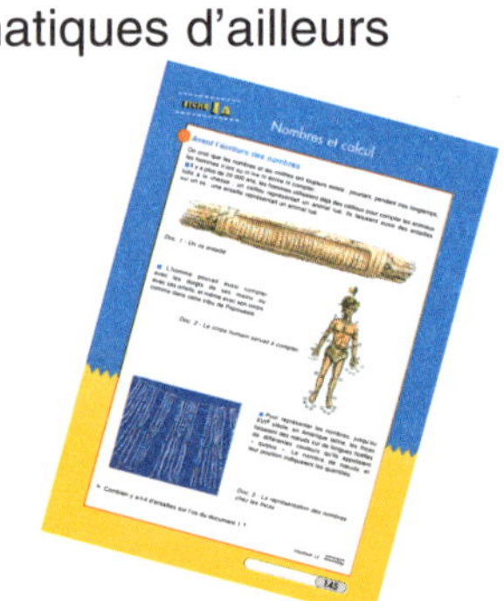

2  Quand utiliser les fiches Ressource ?

■ **J'ai oublié ce que j'ai appris.**

■ **Je ne sais pas comment faire.**

3 Comment utiliser les fiches Ressource ?

■ **Je vérifie d'abord que le renseignement que je recherche n'est pas dans la leçon.**

Je relis la rubrique ....

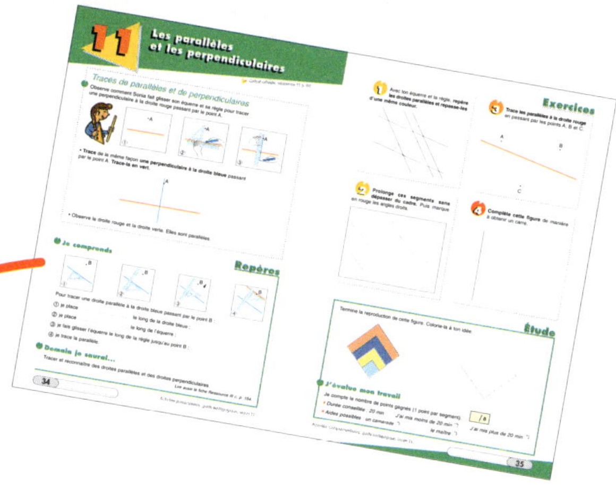

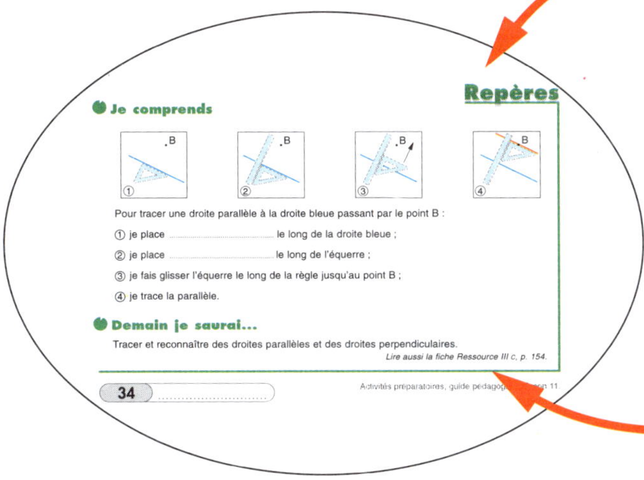

■ **Chaque leçon me renvoie à un numéro de fiche Ressource en fin de fichier.**

J'écris le numéro de la fiche Ressource ....
Je m'y reporte pour en savoir plus.

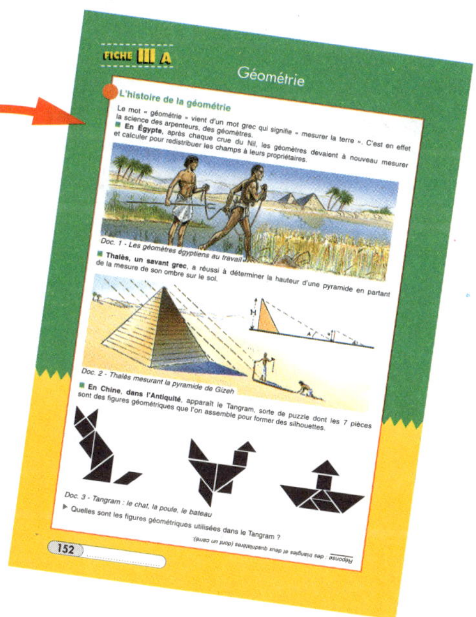

■ **Je lis la page histoire pour m'informer.**

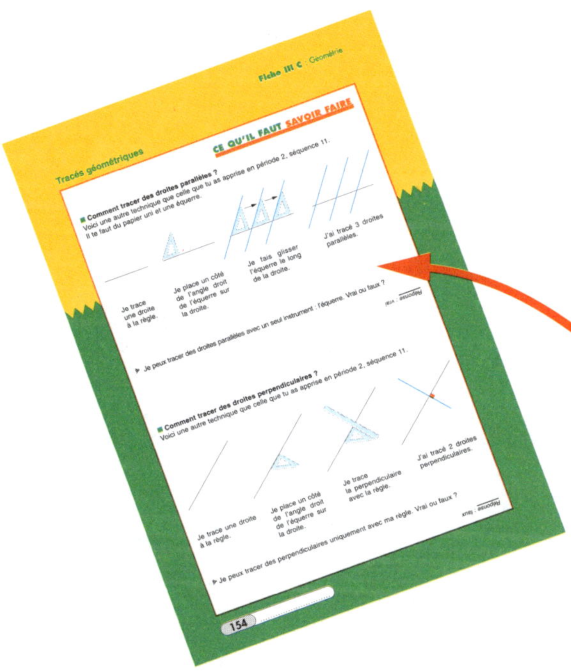

■ **Puis je lis la rubrique « Ce qu'il faut retenir » ou « Ce qu'il faut savoir faire ».**

■ **Je retiens les informations nécessaires à la réalisation de mon exercice.**

■ **Je retourne à la leçon et je termine mon exercice.**

4 Les nombres de 0 à 999 (2)

▶ Calcul réfléchi, séquence 4 p. 32.

La chaîne des nombres

Comment ranger des nombres du plus petit au plus grand sur une droite numérique ?

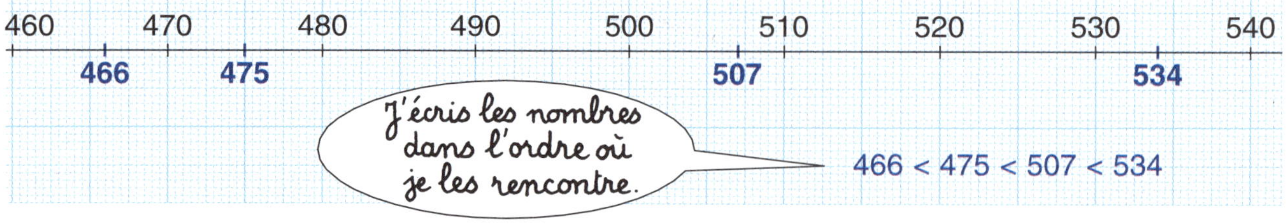

• **Écris ces nombres du plus petit au plus grand** : 502 ; 468 ; 541 ; 519 ; 484.
Place-les ensuite sur la droite numérique.

....

Comment encadrer un nombre ?

• **Encadre le nombre 862.**

....

Repères

Je comprends

• Avec une droite ou une bande numérique, je peux comparer, ranger et encadrer des nombres.

888	889	890	891	892	893	894	895	896	897	898	899	900

889 < 890   888 < 892 < 899 < ....   889 < 890 < ....

• Pour ranger des nombres dans l'ordre croissant, je peux regarder directement la position des chiffres dans un tableau de numération.

c	d	u
6	7	9
6	7	5
7	0	1
6	8	0

D'abord les centaines : 7 est la centaine la plus grande.
Ensuite les dizaines : 8 est la dizaine la plus grande.
Puis les unités : 9 est l'unité la plus grande.

701 > 680 > 679 > 675

Demain je saurai...

Ranger et encadrer les nombres de 0 à 999.

Lire aussi la fiche Ressource I D, p. 148.

Activités préparatoires, guide pédagogique, leçon 4.

Exercices

1 **Entoure dans chaque case le nombre :**
le plus petit en vert ; le plus grand en rouge.

205 250 204 228 221	492 242 922 292 422	781 817 718 178 187	644 744 944 244 444

2 **Compare ces nombres** en utilisant le signe exact.

918 • 845 612 • 805

473 • 523 318 • 104

934 • 943 707 • 712

3 **Range ces nombres** dans l'ordre croissant (du plus petit au plus grand).

954 - 818 - 615 - 945 - 627 - 418

....

4 Pour trouver la sortie, on se déplace de case en case vers un nombre plus grand soit horizontalement, soit verticalement. **Trace le chemin en rouge.**

Étude

Entoure, dans chaque série, le nombre qu'il faut écrire sur la chaîne des nombres.

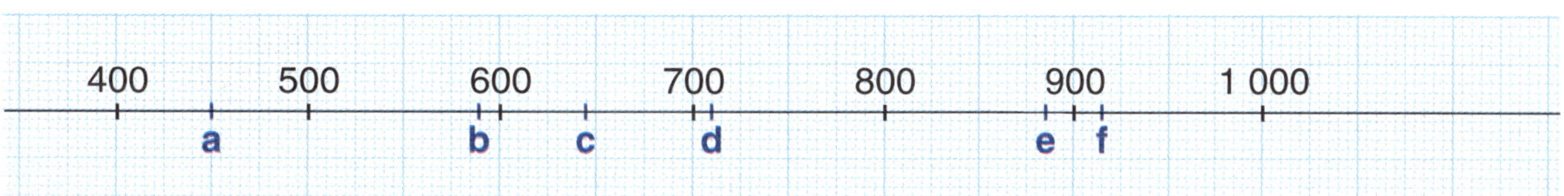

a	b	c	d	e	f
499	590	649	710	858	915
402	551	689	780	885	990
450	509	607	772	801	947

J'évalue mon travail

Je compte le nombre de réponses justes. / 6

- *Durée conseillée : 5 min* *J'ai mis moins de 5 min* ❒ *J'ai mis plus de 5 min* ❒
- *Aides possibles : une bande numérique* ❒ *un camarade* ❒ *le maître* ❒

5 Résoudre des situations additives

Calcul réfléchi, séquence 5 p. 32

Ramassage scolaire

Un autocar effectue le ramassage des élèves du collège de Saint-Sulpice.
Au départ de Couffouleux, 14 élèves sont dans le car. Dès le 1er arrêt, 13 autres viennent les rejoindre. Combien y a-t-il alors d'élèves ?

• Complète le schéma et l'opération.

Départ [14] —(+ 13)→ [ ] Après le 1er arrêt

14 + 13 = ………

Il y a ……… élèves dans le car.

À l'arrivée à Saint-Sulpice, 47 élèves descendent du car.
Combien d'élèves étaient montés au 2e arrêt ?

• Complète le schéma et l'opération.

Après le 1er arrêt [ ] —( )→ [ ] Arrivée

……… + ……… = ………

……… élèves étaient montés au 2e arrêt.

Le lendemain, 29 élèves sont montés durant le trajet et 42 descendent au collège.
Combien d'élèves ont pris le car au départ de Couffouleux ?

• Complète le schéma et l'opération.

[ ] —( )→ [ ]

……… + ……… = ………

……… élèves ont pris le car à Couffouleux.

Repères

Je comprends

Pour bien comprendre un problème et situer ce que je cherche, je peux utiliser un schéma.

je sais	—(je sais)→	**je cherche**	Éric a 12 billes. Il en gagne 9. Ça lui en fait ……… .
je sais	—(**je cherche**)→	je sais	Éric a 12 billes. Il en gagne ……… . Ça lui en fait 21.
je cherche	—(je sais)→	je sais	Éric a ……… billes. Il en gagne 9. Ça lui en fait 21.

Demain je saurai…

Résoudre des problèmes à structure additive.

Lire aussi la fiche Ressource II B, p. 151

Exercices

Pour chaque problème, complète le schéma puis l'opération, et écris la phrase réponse.

1 Durant la récréation, Aboubacar gagne 17 billes. Au début, il en avait 24.
Combien de billes a-t-il à la fin de la récréation ?

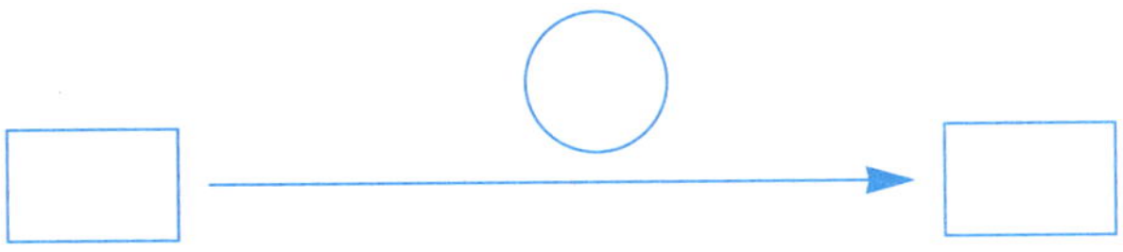

.... + ... = ...

Aboubacar ....

3 Mme Dupuis donne à sa fille 17 F. Zoé a maintenant la somme exacte pour s'acheter une poupée qui coûte 81 F.
Quelle somme Zoé avait-elle au départ ?

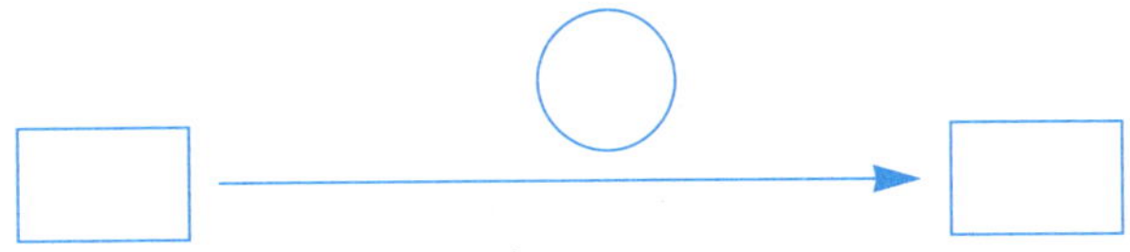

.... + ... = ...

Zoé ....

2 Alain ouvre son album pour classer de nouveaux timbres.
Le matin, il en avait 72. Le soir 117.
Combien de timbres a-t-il classés ?

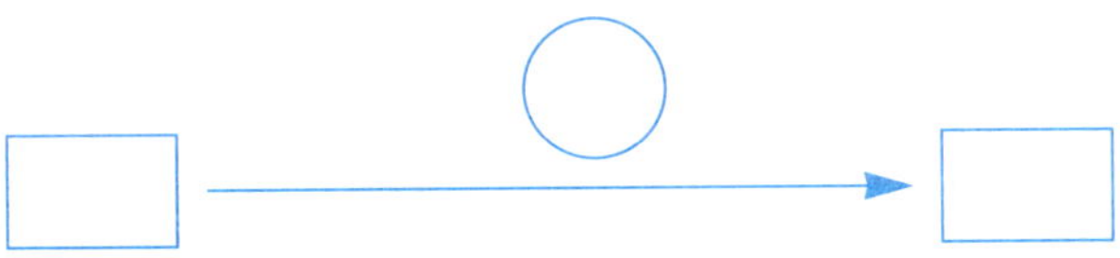

.... + ... = ...

Alain ....

4 **Colorie en bleu les cases du tableau** où le nombre a été obtenu à l'aide d'une addition.

CANTINE DE L'ÉCOLE PRIMAIRE DE FONTENAY					
JOUR	LUNDI	MARDI	JEUDI	VENDREDI	TOTAL
CP	3	2	3	2	10
CE	6	8	5	8	27
CM	5	4	4	5	18
TOTAL	14	14	12	15	55

Que représente le nombre 12 ? ....

....

le nombre 55 ? ....

Étude

Chaque joueur lance 3 flèches.
Pour chaque cible, calcule le score ou place les fléchettes manquantes.

[ ] 30 25

J'évalue mon travail

Je compte le nombre de réponses justes. ...... / 3

- *Durée conseillée : 10 min* — *J'ai mis moins de 10 min* ❒ — *J'ai mis plus de 10 min* ❒
- *Aides possibles : un camarade* ❒ — *le maître* ❒

Activités complémentaires, guide pédagogique, leçon 5.

6 Le compas

Calcul réfléchi, séquence 6 p. 32.

À la fête foraine

Reproduis à droite ces 3 roues de loterie. Utilise uniquement ton compas et ta règle.
Colorie à ton idée.

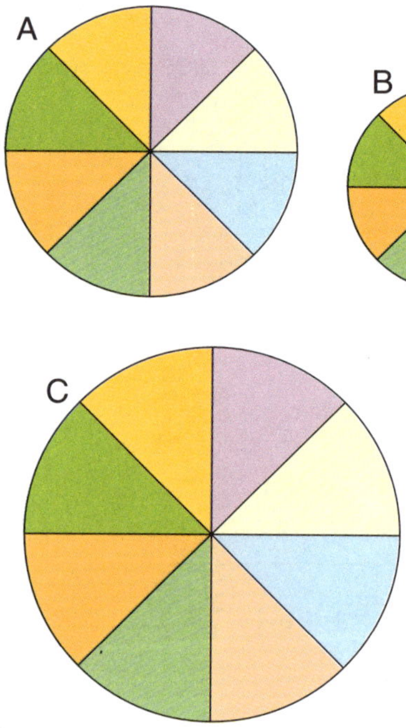

Quelle est la plus grande roue ? Vérifie avec ton compas. ....

Repères

Je comprends

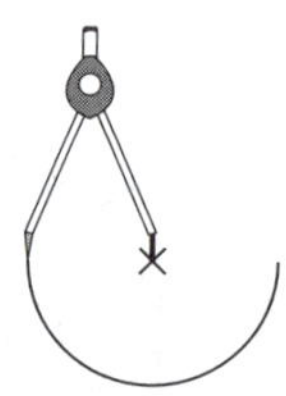

- Pour bien tracer un cercle, je pointe le centre avec soin.
  J'ouvre mon compas. Je le fais tourner en gardant l'écartement.
- Le compas sert aussi :
  – à reporter des longueurs ;
  – à comparer des longueurs.

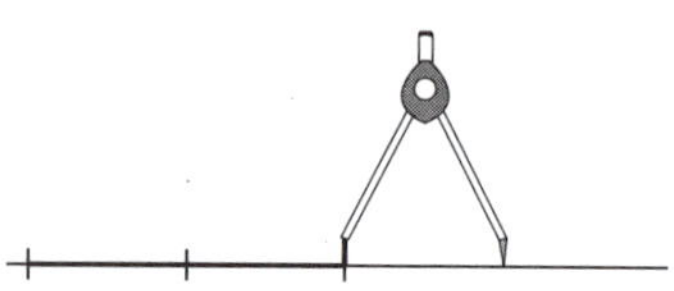

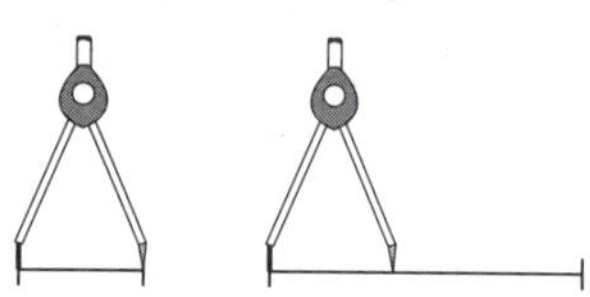

Demain je saurai...

Tracer des cercles.
Comparer et reporter des longueurs.

1 À l'aide du compas, **retrouve les segments de même longueur.**
Entoure-les d'une même couleur.

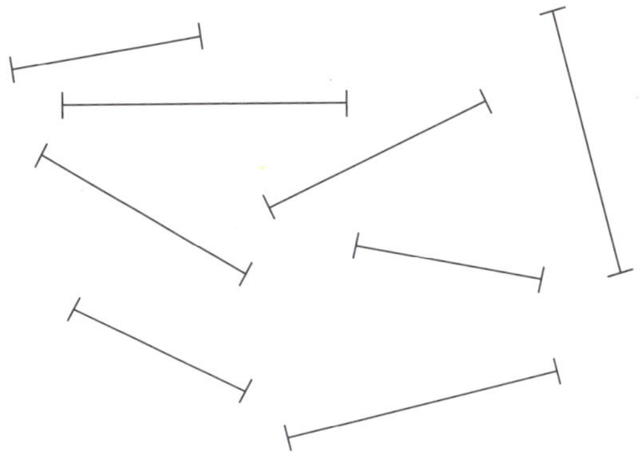

3 **Termine chaque cercle.**

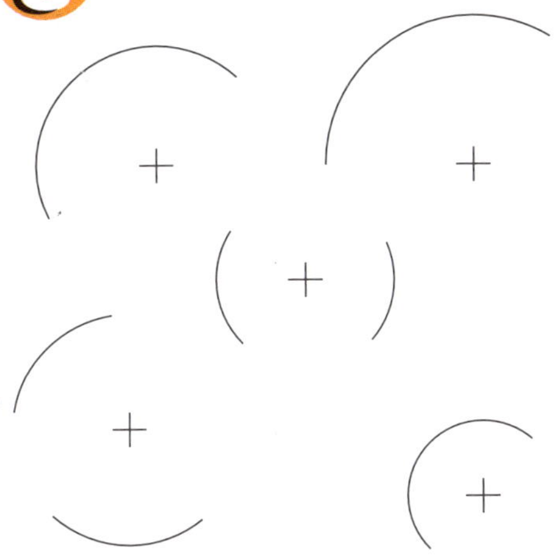

2 **Trace 5 cercles de centre A de plus en plus petits** à l'intérieur de ce cercle.

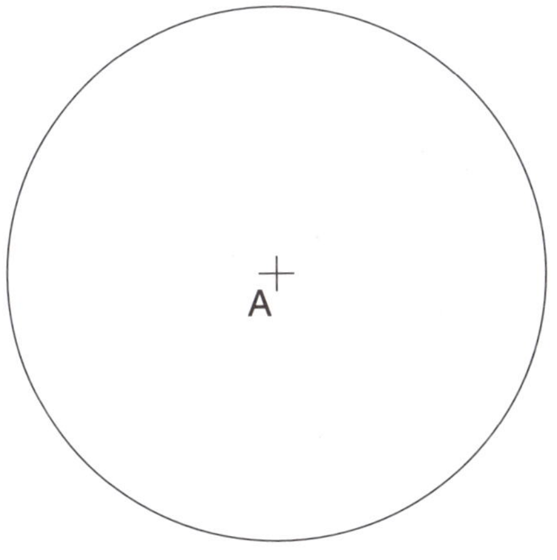

4 **Reproduis ce nuage** en utilisant uniquement ton compas.

Étude

Reproduis ce dessin sur une feuille cartonnée.
Colorie en respectant l'ordre des couleurs.

Découpe le dessin. Perce le centre avec une aiguille.
Fais tourner la roue des couleurs à toute vitesse.
Qu'observes-tu ?

....

....

....

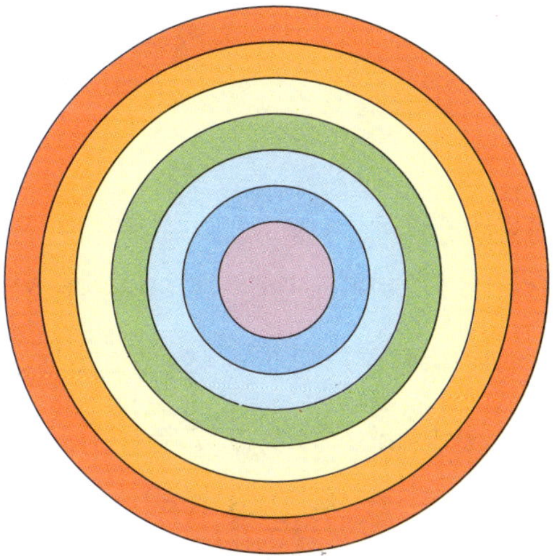

J'évalue mon travail

Je compte le nombre de points gagnés (1 point par cercle). /7

- *Durée conseillée : 20 min* *J'ai mis moins de 20 min* ❐ *J'ai mis plus de 20 min* ❐
- *Aides possibles : un camarade* ❐ *le maître* ❐

7 L'addition (révision)

Calcul réfléchi, séquence 7 p. 32.

L'as du calcul

124 226 146 258 307 452

Règle du jeu : ce jeu se joue à 3 ou 4 joueurs. Chaque joueur tire 2 cartons et doit additionner le plus vite possible les 2 nombres écrits sur ces cartons. Il est libre de calculer comme il le souhaite.

Morgane, Fabrice et Alex calculent chacun d'une façon différente.

- Morgane 124 452 124 + 452 = 500 + ... + ... = ...
- Fabrice 307 226 307 → (+ 200) .... → (+ 20) .... → (+ ....) ....
- Alex 258 146

```
   ¹
  2 5 8
+ 1 4 6
-------
......4
```

Aurélien et Marion ont tiré 2 cartons.
Calcule les résultats comme tu le souhaites.

402 136

....
....
....

258 387

....
....
....

Repères

Je comprends

Quand je dois additionner des nombres, je choisis la meilleure manière de calculer :

– soit en ligne 235 + 421 = 600 + 50 + 6 = ... => je décompose chaque nombre.

– soit en colonne => je n'oublie pas les retenues.

```
   ¹
  4 3 7
+ 2 5 6
-------
......3
```

Demain je saurai...

Effectuer une addition soit de tête, soit en la posant correctement.

Lire aussi la fiche Ressource I E, p. 149.

Activités préparatoires, guide pédagogique, leçon 7.

1 **Observe et complète les calculs.**

128 + 241 = 300 + 60 + ... = ...

453 + 136 = 500 + ... + ... = ...

732 + 214 = ... + ... + ... = ...

609 + 259 = ... + ... + ... = ...

2 **Complète les calculs.**

234 + 145

234 → + 100 → ☐ → + 40 → ☐ → + 5 → ☐

425 + 275

425 → + 200 → ☐ → + ... → ☐ → + ... → ☐

308 + 502

308 → + ... → ☐ → + ... → ☐

450 + 350

450 → + ... → ☐ → + ... → ☐

3 **Calcule la valeur** de chaque point. Puis inscris sur le dessin chaque point à côté de sa valeur. **Relie dans l'ordre les points** A, B, C, D, E, F, G, D. **À quoi ressemble cet objet ?**

Points		Valeurs
A	56 + 60	
B	143 + 237	
C	96 + 88	
D	48 + 25	
E	685 + 279	
F	132 + 343	
G	65 + 167	

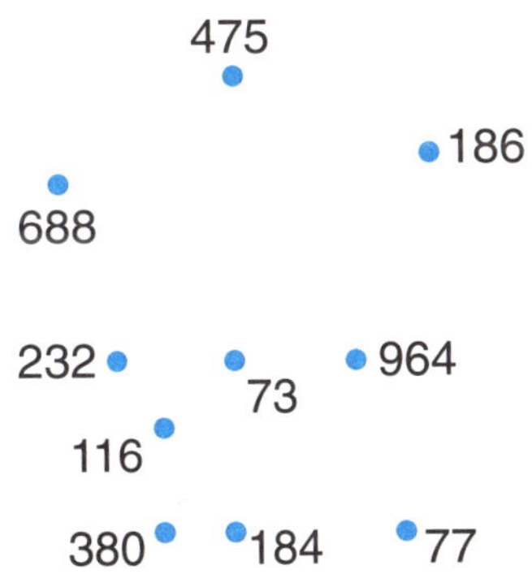

Cet objet ressemble à ....

Étude

Complète.

512 + 385 = ...

485 + 176 = ...

417 + 383 = ...

427 + 458 = ...

675 + 114 = ...

568 + 204 = ...

J'évalue mon travail

Je compte le nombre de réponses justes. ☐ / 6

- *Durée conseillée : 15 min* *J'ai mis moins de 15 min* ☐ *J'ai mis plus de 15 min* ☐
- *Aides possibles : un camarade* ☐ *le maître* ☐

8 Le calendrier

▶ Calcul réfléchi, séquence 8 p. 32.

Les spectacles

Loïc et sa mère lisent le panneau d'affichage municipal présentant les spectacles.

• **Loïc peut-il aller voir le spectacle de guignol** qui lui fait tant envie ? ....

Pourquoi ? ....

• **Écris en chiffres et dans l'ordre chronologique** les dates des spectacles qui n'ont pas encore eu lieu. **Derrière chaque date, écris de quel spectacle il s'agit.**

14.07.2000 (feu d'artifice)..

....

Repères

Je comprends

- Je peux écrire une date de 2 façons. Exemple : 1er janvier 2000 ou 01.01.2000.
- Dans une année, il y a 12 mois. Dans un mois, il y a un peu plus de 4 semaines. Une semaine complète comprend 7 jours.

▶ Complète le calendrier.

Demain je saurai...

Lire et utiliser un calendrier.

Lire aussi la fiche Ressource IV D, p. 160.

 ....

Activités préparatoires, guide pédagogique, leçon 8.

Exercices

1 Réponds aux questions.

• Quel est le jour de la fête nationale ?

....

• M. et Mme Coulon et leurs deux enfants, Juliette et Pierre, partent en vacances du 24 juillet au matin au 12 août au soir. Combien de jours partent-ils ?

....

• Combien de semaines complètes partent-ils ?

....

• Comme chaque année, Juliette va recevoir des cadeaux à la fin du mois de juillet. Pourquoi ?

....

• La rentrée des classes est prévue le 2 septembre. Ce sera quel jour de la semaine ?

....

JUILLET				AOÛT			
1	J	S. Thierry		1	D	S. Alphonse	
2	V	S. Martinien		2	L	S. Julien-Eymard	
3	S	S. Thomas		3	M	Se Lydie	31
4	D	S. Florent		4	M	S. J.-M. Vianney	☾
5	L	S. Antoine	27	5	J	S. Abel	
6	M	Se Mariette	☾	6	V	Transfiguration	
7	M	S. Raoul		7	S	S. Gaëtan	
8	J	S. Thibaut		8	D	S. Dominique	
9	V	S. Amandine		9	L	S. Amour	32
10	S	S. Ulrich		10	M	S. Laurent	
11	D	S. Benoît		11	M	Se Claire	⊙
12	L	S. Olivier	28	12	J	Se Clarisse	
13	M	SS. Henri, Joël ⊙		13	V	S. Hippolyte	
14	M	**FÊTE NATIONALE**		14	S	S. Évrard	
15	J	S. Donald		15	D	**ASSOMPTION**	
16	V	N.-D. Mt-Carmel		16	L	S. Armel	33
17	S	Se Charlotte		17	M	S. Hyacinthe	
18	D	S. Frédéric		18	M	Se Hélène	
19	L	S. Arsène	29	19	J	S. Jean-Eudes	☽
20	M	Se Marina	☽	20	V	S. Bernard	
21	M	S. Victor		21	S	S. Christophe	
22	J	Se M.-Madeleine		22	D	S. Fabrice	
23	V	Se Brigitte		23	L	Se Rose de Lima	
24	S	Se Christine		24	M	S. Barthélemy	34
25	D	S. Jacques		25	M	S. Louis	
26	L	SS. Anne, Joachim		26	J	Se Natacha	
27	M	Se Nathalie	30	27	V	Se Monique	☺
28	M	S. Samson	☺	28	S	S. Augustin	
29	J	Se Marthe		29	D	Se Sabine	
30	V	Se Juliette		30	L	S. Fiacre	35
31	S	S. Ignace de L.		31	M	S. Aristide	

2 Les images suivantes racontent, dans l'ordre, des épisodes de la conquête de l'espace.

Écris chaque date sous l'image qui lui correspond : 12.04.1967 – 14.10.1957 – 21.07.1969

1er satellite autour de la Terre

....

1er homme dans l'espace

....

1er pas de l'homme sur la Lune

....

Étude

Complète le calendrier.

Quel est le premier jour de l'année ? ....

L'épiphanie (le jour de la galette des Rois) est le premier dimanche du mois de janvier. Écris sa date de 2 façons.

....

Quel sera le premier jour du mois de février ? ....

JANVIER						
L	M	M	J	V	S	D
				3	4	5
6						12
						19
						26
				31		

J'évalue mon travail

Je compte le nombre de réponses justes. / 4

• *Durée conseillée : 10 min* *J'ai mis moins de 10 min* ❒ *J'ai mis plus de 10 min* ❒

• *Aides possibles : un camarade* ❒ *le maître* ❒

Activités complémentaires, guide pédagogique, leçon 8.

9 Résoudre des situations multiplicatives (1)

▶ Calcul réfléchi, séquence 9 p. 32.

Le petit déjeuner du dimanche

Chaque dimanche matin, le directeur d'une colonie de vacances achète, pour le petit déjeuner, 2 plaquettes de beurre à 7 F pièce et 9 sachets de croissants à 28 F le sachet.

• Calcule le prix du beurre de 2 façons.

.... + ... = ...

.... × .... = ...

Quelle est selon toi la manière de calculer la plus rapide : addition ou multiplication ?

....

• Calcule le prix des croissants de 2 façons.

.... + ... + ... + ... + ... + ... + ... + ... + ... = ...

.... × .... = ...

• Quelle est selon toi la manière de calculer la plus rapide : addition ou multiplication ?

....

• Combien le directeur dépense-t-il au total ? .... + ... = ...

Le directeur ....

Repères

Je comprends

Je réfléchis pour choisir le calcul le plus simple et le plus rapide pour résoudre un problème.

Un puzzle comprend 60 pièces. **Combien y a-t-il de pièces dans 3 puzzles ?**
60 + 60 + 60 = 180 ou bien 60 × 3 = 180.
On peut faire une addition ou une multiplication.

Combien y a-t-il de pièces dans 13 puzzles ?
60 + 60 + 60… (c'est trop long !) ou bien 60 × 13 = 780.
La multiplication est plus rapide.

▶ Je refais le problème avec 26 puzzles.

Demain je saurai…

Choisir l'opération la plus rapide pour résoudre un problème.

Lire aussi la fiche Ressource II B, p. 151.

Exercices

Pour résoudre ces problèmes, utilise le calcul qui te paraît le plus simple.

1 Lors des essais d'une course automobile, un pilote a fait 15 tours d'un circuit de 7 km.
Quelle distance a-t-il parcourue ?

....

....

2 Jérôme a acheté 3 sucettes à 9 F et une tablette de chocolat à 8 F.
Combien a-t-il dépensé ?

....

....

3 Un maraîcher plante 7 rangées de 100 salades.

Combien de salades récoltera-t-il ?

....

....

4 À la piscine, 27 élèves effectuent une course en nageant chacun 25 m.
Sur quelle distance s'est effectuée cette course ?

....

....

5 La ludothèque vient d'ouvrir.
24 enfants se sont inscrits mercredi et 37 samedi. **Combien d'enfants sont inscrits ?**

....

....

6 Rachid, Sonia et Christelle ont ramassé des châtaignes dans les bois. Rachid en a ramassé 57. Sonia en a ramassé le double de Rachid et Christelle le double de Sonia.
Combien Christelle a-t-elle ramassé de châtaignes ?

....

....

Étude

Résous ces problèmes et coche les bonnes cases.

• Un fabricant de jouets envoie à un client 36 caisses contenant chacune 24 coffrets de poupées. Combien de coffrets a-t-il expédiés ?

Réponse : ....

J'ai effectué une addition ❐ une multiplication ❐

• Guy a acheté un robot 142 F et un vaisseau spatial 139 F. Quelle somme a-t-il dépensée ?

Réponse : ....

J'ai effectué une addition ❐ une multiplication ❐

J'évalue mon travail

Je compte le nombre de réponses justes. / 4

• *Durée conseillée : 15 min* *J'ai mis moins de 15 min* ❐ *J'ai mis plus de 15 min* ❐

• *Aides possibles : un camarade* ❐ *le maître* ❐

10 Construire les tables de multiplication

▶ Calcul réfléchi, séquence 10 p. 32.

Construire une table de multiplication

Complète la table de multiplication par 4. Pour la remplir, je compte de .... en ....

×4	0	1	2	3	4	5	6	7	8	9	10
	0	4	8								

+4 +4 +4 ....

Compte de 11 en 11 et complète la table.

×11	0	1	2	3	4	5	6	7	8	9	10	11
	0	11	22									

+11 +11 +11 ....

Complète en t'aidant des tables de multiplication par 4 et 11.

Je compte mes pièces.

.... × .... = ...

J'ai dans ma poche .... F.

Papa achète 3 glaces.

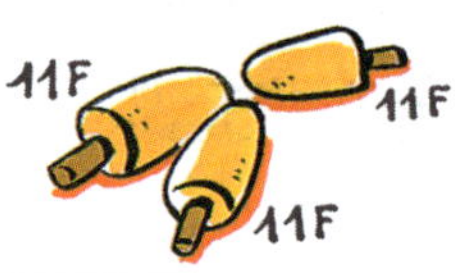

.... × .... = ...

Papa dépense .... F.

Maman achète 24 yaourts. Ils sont vendus par paquets de 4.

.... × .... = ...

Elle a .... *paquets.*

5 enfants se partagent la somme de 55 F.

.... × .... = ...

Chacun recevra .... F.

Repères

Je comprends

Pour construire une table, par exemple la table de multiplication par 5 ou par 8, je compte de 5 en 5 ou de 8 en 8.

	0	1	2	3	4	5	6	7	8	9	10
×5	0	5	10	15	20						
×8	0	8					48	56	64	72	80

Demain je saurai...

Construire et utiliser une table de multiplication.

Lire aussi la fiche Ressource I E, p. 149.

Exercices

1 **Construis la table de multiplication par 12** en faisant des additions successives.

× 12	0	1	2	3	4	5	6	7	8	9	10
	0	12	24								

+12 +12 +12 ....

2 **Complète les tableaux** avant de calculer les opérations.

$7 \times 8 =$ ....

× 7	7	8
	49	

$6 \times 7 =$ ....

× 6	5	6	7
	30		

$9 \times 5 =$ ....

× 9	3	4	5
	27		

$15 \times 6 =$ ....

× 15	4	5	6
	60		

3 **Complète les tables.**

×	4	6	8	10
3				
4				
5				
7				

×		3	6	7
1				
				28
5	10			
				49

Étude

Construis la table de multiplication par 15.

× 15	0	1	2	3	4	5	6	7	8	9	10

Complète les calculs suivants.

$3 \times 15 =$ ....

$15 \times$ .... $= 90$

$15 \times$ .... $= 30$

$15 \times$ .... $= 75$

$9 \times 15 =$ ....

$15 \times 8 =$ ....

J'évalue mon travail

Je compte le nombre de réponses justes (4 points pour la table de multiplication). / 10

- *Durée conseillée : 15 min* *J'ai mis moins de 15 min* ❐ *J'ai mis plus de 15 min* ❐
- *Aides possibles : un camarade* ❐ *le maître* ❐

8 ÉNIGMES À RÉSOUDRE EN ÉQUIPES

MON ÉQUIPE

Règle du jeu : cf. p. 3.

Durée : 45 min

Ma classe se partage en .... équipes de .... joueurs qui vont s'affronter.

Prénoms des camarades de mon équipe et numéros des énigmes qu'ils vont résoudre :

....

....

....

1 La spirale

3 POINTS

Voici un morceau d'une spirale des nombres. Les ronds blancs doivent être grattés. Lucien a déjà gratté les ronds 50 et 51. **Inscrivez les nombres qu'il va trouver dans les autres ronds blancs.**

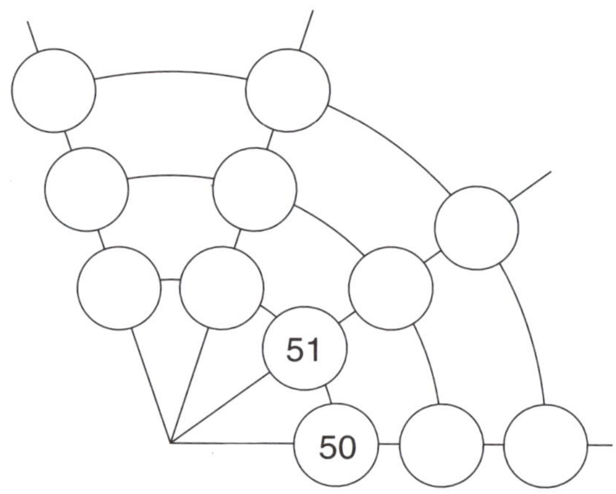

2 Qui suis-je ?

5 POINTS

Retrouvez le nombre inconnu.

- Si on ajoute 8 à mon premier chiffre, on obtient une dizaine.
- Mon second chiffre est plus petit que 1.
- Mon troisième chiffre est le triple de 1.
- Si je place le mot « jamais » devant mon tout, j'obtiens un dicton.

Le nombre inconnu : ....

Le dicton : ....

3 Jeu de dés

5 POINTS

Complétez les phrases par le bon nombre de points.

Luc lance 2 dés. Sur le premier, il obtient .... points ; sur le second, il en obtient la moitié, soit .... points. Au total, il a obtenu 9 points.

4 Paysage

10 POINTS

Fabriquez-vous une équerre avec du papier calque.
Cherchez les angles droits et marquez-les dans ce paysage.
Combien d'angles droits y a-t-il ? ....

5 Drôle d'addition

12 POINTS

Retrouvez le chiffre qui correspond à chaque signe.
Il n'y a pas de retenue dans cette opération.

```
    ♣ ♥ ♦
+   ♦ 2 ♥
---------
    5 5 7
```

♦ : ....

♥ : ....

♣ : ....

6 Courte ligne

15 POINTS

Repassez en rouge la ligne brisée la plus courte.

....

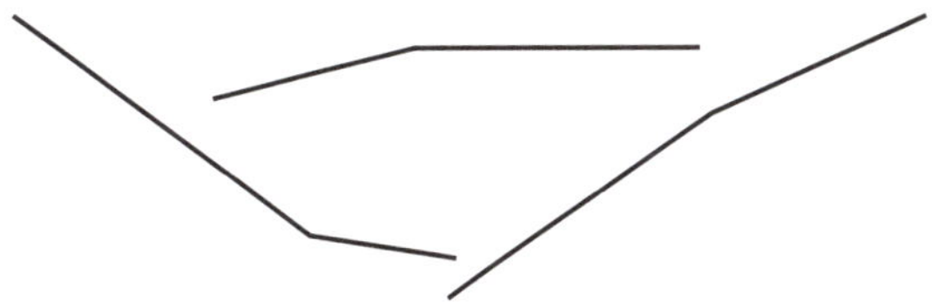

7 Les vacances

20 POINTS

Moussa est arrivé à la mer 5 jours avant son frère. Ils ont passé ensemble une semaine complète de vacances, puis ils sont repartis le 23 juillet. **Quel jour Moussa est-il arrivé à la mer ?**
Pour vous aider, utilisez ce calendrier à compléter.

....

L	M	M	J	V	S	D
						1
23						

8 Le bon compte

25 POINTS

Comment trouver le nombre 50 en utilisant les nombres 2, 3, 4 et 7, l'addition et la multiplication ?

....

CALCUL DU SCORE DE MON ÉQUIPE

Énigmes	1	2	3	4	5	6	7	8	TOTAL
Points									

Évaluation 1

1 Je sais **tracer** des angles droits.

Complète la cible en traçant des angles droits.

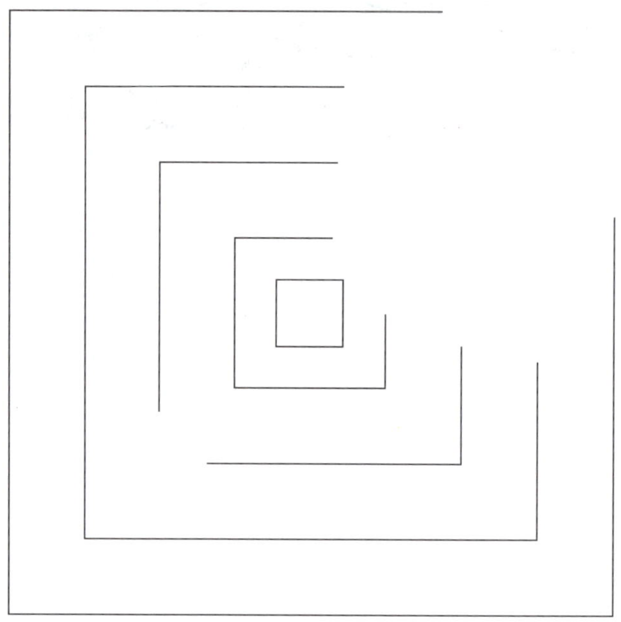

1 point par angle droit.
Colorie le nombre de points gagnés.

2 Je sais **comparer** des nombres en utilisant les signes >, <, =.

Complète.

701 • (6 × 100) + 1

(9 × 100) + (3 × 10) + 4 • 900 + 50 + 4

500 + 40 + 7 • 647

(8 × 100) + (4 × 10) • (8 × 100) + (6 × 10)

400 + 50 + 6 • (4 × 100) + (5 × 10) + 6

Colorie le nombre de réponses justes.

3 Je sais **résoudre** des problèmes additifs.

a. Arthur joue avec sa voiture téléguidée.
Il la fait avancer de 8 mètres, puis de 17 mètres et enfin de 10 mètres.
De combien de mètres a-t-elle avancé ?

....

b. Aurélie a 36 images dans sa collection. Pour sa fête, ses 5 amies lui en offrent chacune 2.
Combien a-t-elle d'images maintenant ?

....

Colorie le nombre de points gagnés (a = 2 points ; b = 3 points).

4 *Je sais **additionner** des nombres à 3 chiffres.*

Complète cette pyramide en suivant l'exemple.

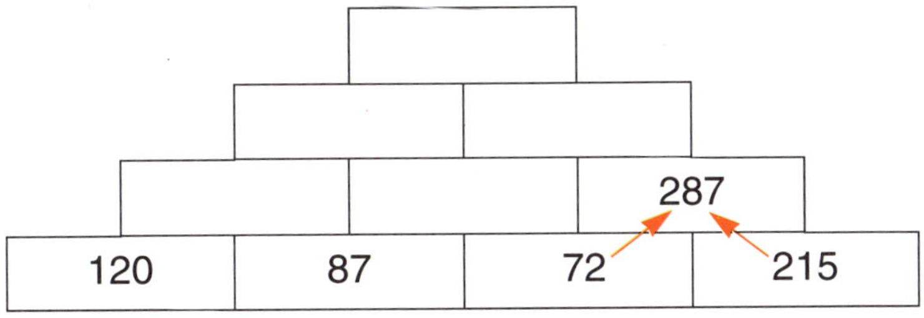

Colorie le nombre de réponses justes. ☐☐☐☐☐

5 *Je sais **lire** un calendrier.*

Réponds aux questions ou complète les phrases.

a. Combien y a-t-il de mois dans un trimestre ?

....

b. Combien y a-t-il de semaines entières en février ?

....

c. Combien y a-t-il de lundis en février, mars et avril ?

....

d. Les vacances de printemps débutent le lundi 9 avril et se terminent le .... 22 avril.

e. Ces vacances durent .... jours.

FÉVRIER		MARS		AVRIL	
J	1	J	1	**D**	**1**
V	2	V	2	L	2
S	3	S	3	Ma	3
D	**4**	**D**	**4**	Me	4
L	5	L	5	J	5
Ma	6	Ma	6	V	6
Me	7	Me	7	S	7
J	8	J	8	**D**	**8**
V	9	V	9	L	9
S	10	S	10	Ma	10
D	**11**	**D**	**11**	Me	11
L	12	L	12	J	12
Ma	13	Ma	13	V	13
Me	14	Me	14	S	14
J	15	J	15	**D**	**15**
V	16	V	16	L	16
S	17	S	17	Ma	17
D	**18**	**D**	**18**	Me	18
L	19	L	19	J	19
Ma	20	Ma	20	V	20
Me	21	Me	21	S	21
J	22	J	22	**D**	**22**
V	23	V	23	L	23
S	24	S	24	Ma	24
D	**25**	**D**	**25**	Me	25
L	26	L	26	J	26
Ma	27	Ma	27	V	27
Me	28	Me	28	S	28
		J	29	**D**	**29**
		V	30	L	30
		S	31		

Colorie le nombre de réponses justes. ☐☐☐☐☐

Je Fais Mon Bilan

Pour chaque exercice, colorie la case qui correspond à ton résultat.

		☹	☹	😐	☺	😀
Exercice **1**	Je trace des angles droits.					
Exercice **2**	Je compare des nombres.					
Exercice **3**	Je résous des problèmes additifs.					
Exercice **4**	J'additionne des nombres à 3 chiffres.					
Exercice **5**	Je lis un calendrier.					

▶ **Reporte tes résultats** à la fin de ton fichier.

Calcul réfléchi 1

1 Compter de 10 en 10.

- de vingt-huit à cinquante-huit
- de trente-sept à soixante-sept
- de vingt-quatre à soixante-quatorze
- de quarante-neuf à quatre-vingt-dix-neuf

28, 38, 48, 58 ; ....

2 Compter de 100 en 100.

- de 1 210 à 1 610
- de 2 911 à 3 311
- de 3 679 à 4 179
- de 4 012 à 4 512

1 210, 1 310, 1 410, 1 510, 1 610 ; ....

3 Ajouter des centaines et des dizaines.

120 + 110	210 + 170
710 + 140	90 + 510
320 + 230	

120 + 100 + 10 = 220 + 10 = 230 ; ....

4 Calculer avec l'addition à trous.

Quel nombre faut-il ajouter à 210 pour obtenir 325 ?

450 + ☐ = 570
160 + ☐ = 215
330 + ☐ = 445

210 + [90] = 300 ; 300 + [25] = 325
90 + 25 = [115] ; ....

5 Calculer avec l'addition à trous.

Quel nombre faut-il ajouter à 100 pour obtenir 265 ?

☐ + 640 = 785
☐ + 720 = 832
☐ + 120 = 330

100 + [100] = 200 ; 200 + [65] = 265
100 + 65 = [165] ; ....

6 Calculer un écart.

Quel est l'écart entre 32 et 50 ?

- entre 44 et 60
- entre 28 et 50
- entre 36 et 70
- entre 51 et 80

32 + [8] = 40 ; 40 + [10] = 50
8 + 10 = [18] ; ....

7 Soustraire sans retenue.

36 – 5	48 – 7	54 – 23
97 – 36	81 – 41	

36 – 5 = 31 ; ....

8 Calculer le double de...

- onze
- quinze
- soixante-dix
- cinquante
- vingt

22 ; ....

9 Multiplier par 2 ou 3.

- quatre multiplié par deux
- six multiplié par trois
- sept multiplié par trois

4 × 2 = 8 ; ....

10 Calculer avec l'addition à trous.

Quel nombre faut-il ajouter à 180 pour obtenir 272 ?

☐ + 620 = 822
228 + ☐ = 330
☐ + 195 = 213

180 + [20] = 200 ; 200 + [72] = 272
20 + 72 = [92] ; ....

* Gamme complète d'activités, guide pédagogique, calcul réfléchi.

Période 2

Les premiers nombres

Principaux chiffres de la numérotation romaine						
I	V	X	L	C	D	M
1	5	10	50	100	500	1 000

Principaux chiffres de la numérotation égyptienne			
𓏺	𓎆	𓍢	𓆼
1	10	100	1 000

■ Licinius le Romain communique le nombre d'animaux de sa ferme à Khaba l'Égyptien. Il a écrit la liste de ses animaux en latin et en égyptien. Traduis-la (pulla = poule).

■ Déchiffre ces nombres, puis classe-les du plus petit au plus grand. Tu découvriras le nom d'un dieu égyptien à tête de faucon.

O = ___________ 

U = ___________

H = ___________ 

___________ = S

___________ = R

.... < .... < .... < .... < ....

Le nom du dieu est ....

11 Les parallèles et les perpendiculaires

Calcul réfléchi, séquence 11 p. 60.

Tracés de parallèles et de perpendiculaires

Observe comment Sonia fait glisser son équerre et sa règle pour tracer une perpendiculaire à la droite rouge passant par le point A.

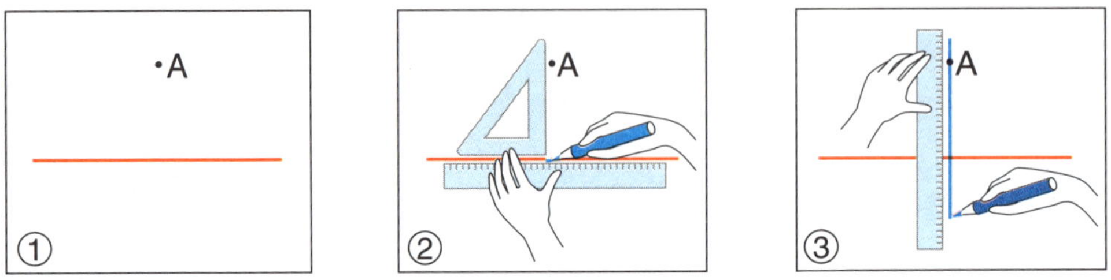

• **Trace** de la même façon **une perpendiculaire à la droite bleue** passant par le point A. **Trace-la en vert.**

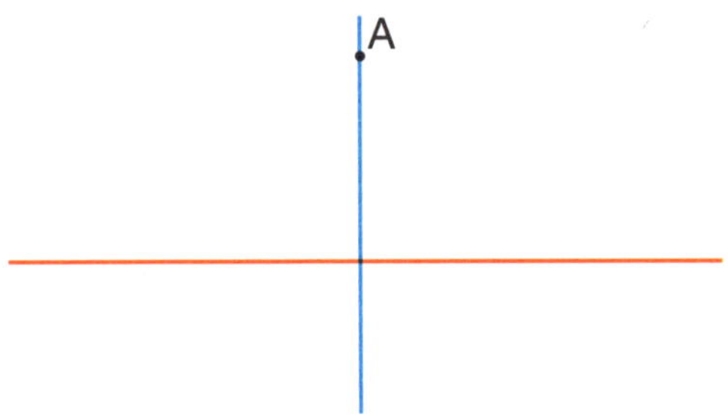

• Observe la droite rouge et la droite verte. Elles sont parallèles.

Repères

Je comprends

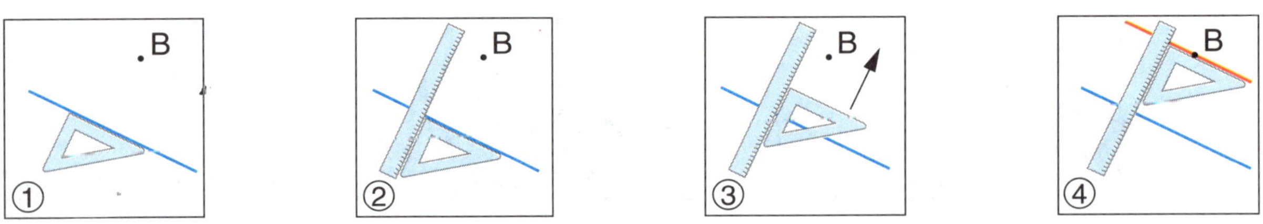

Pour tracer une droite parallèle à la droite bleue passant par le point B :

① je place .... le long de la droite bleue ;

② je place .... le long de l'équerre ;

③ je fais glisser l'équerre le long de la règle jusqu'au point B ;

④ je trace la parallèle.

Demain je saurai...

Tracer et reconnaître des droites parallèles et des droites perpendiculaires.

Lire aussi la fiche Ressource III c, p. 154.

1 Avec ton équerre et ta règle, **repère les droites parallèles et repasse-les d'une même couleur.**

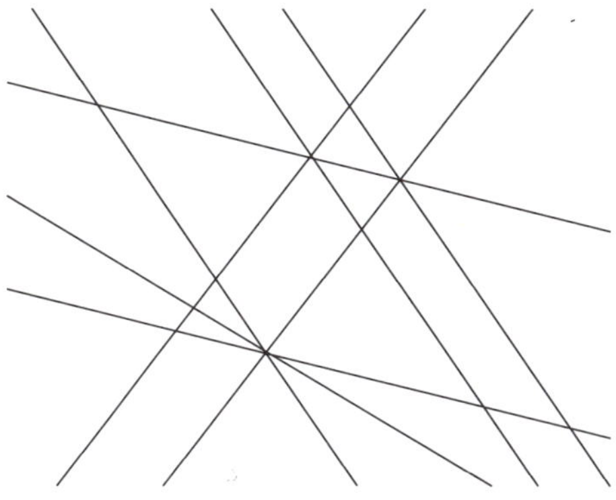

3 **Trace les parallèles à la droite rouge** en passant par les points A, B et C.

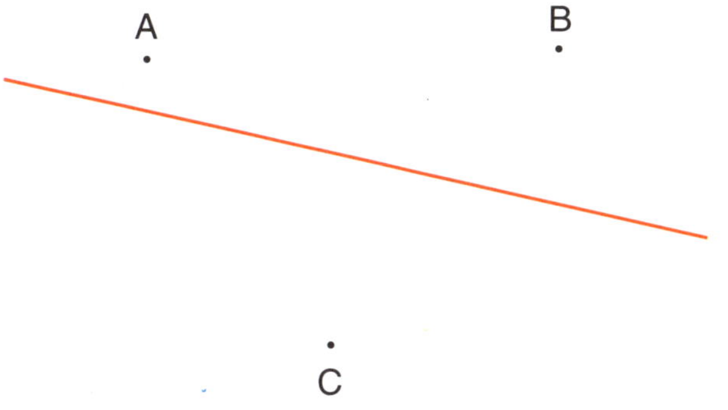

2 **Prolonge ces segments sans dépasser du cadre.** Puis marque en rouge les angles droits.

4 **Complète cette figure** de manière à obtenir un carré.

Étude

Termine la reproduction de cette figure. Colorie-la à ton idée.

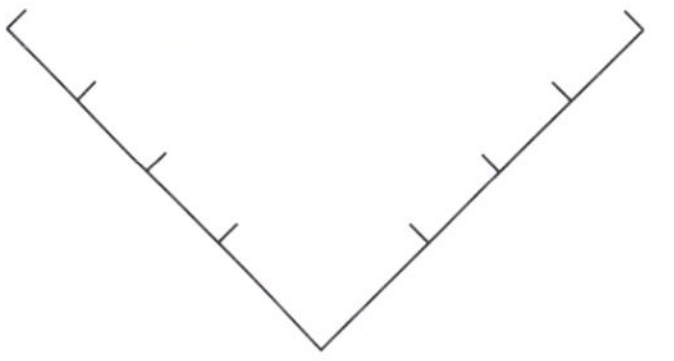

J'évalue mon travail

Je compte le nombre de points gagnés (1 point par segment). | /8

- *Durée conseillée : 20 min* *J'ai mis moins de 20 min* ❒ *J'ai mis plus de 20 min* ❒
- *Aides possibles : un camarade* ❒ *le maître* ❒

12 Les nombres de 0 à 2 000 (1)

▶ Calcul réfléchi, séquence 12 p. 60.

Les cartons des nombres

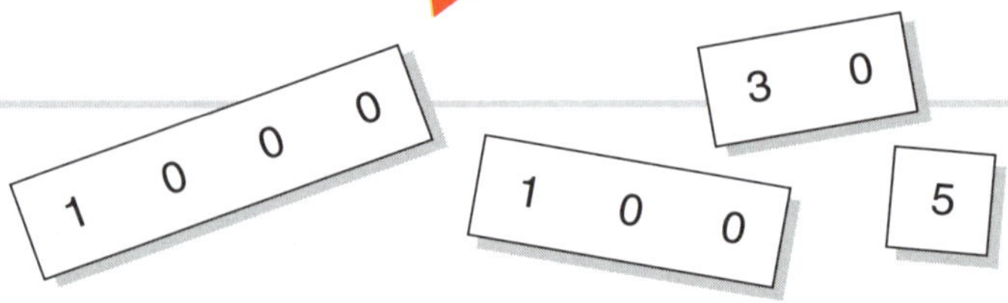

Voici 4 cartons à superposer.

- **Écris en lettres le nombre obtenu.** ....
- **Complète la décomposition.** .... = ... + ... + ... + ...
- **Remplis le tableau et dessine les jetons de l'abaque.**

m	c	d	u

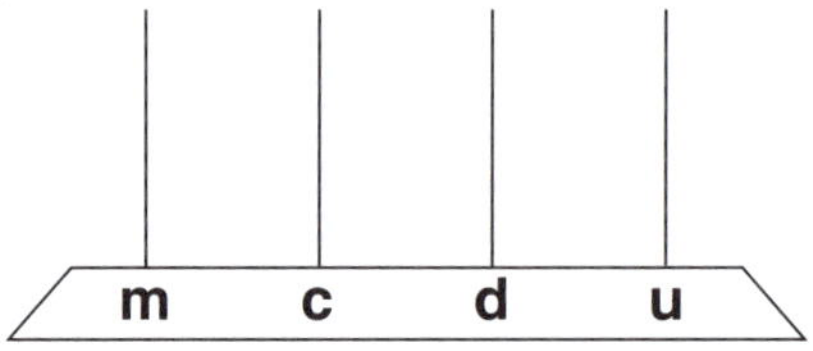

- **Remplis le tableau et dessine les jetons de l'abaque.**

m	c	d	u

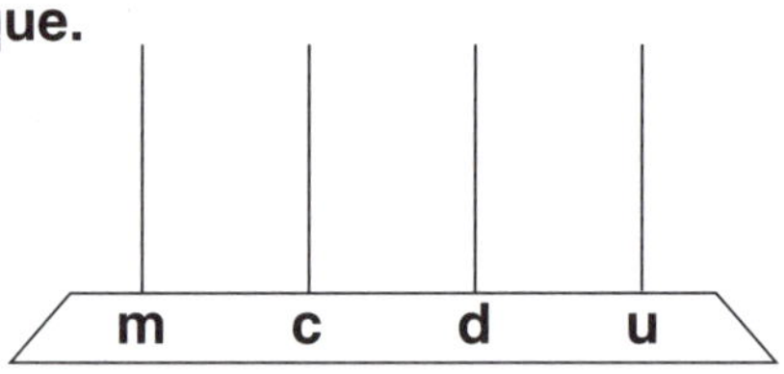

Repères

Je comprends

Je peux décomposer un nombre de plusieurs façons : 1 753.

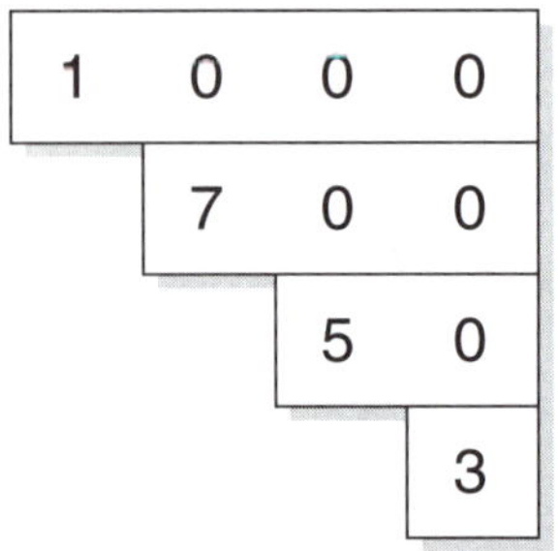

m	c	d	u
1	7	5	3

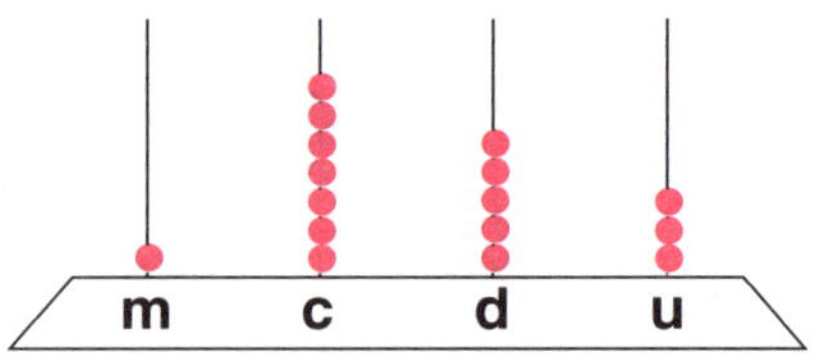

1 000 + 700 + 50 + 3 1m + 7c + 5d + 3u (1 × 1 000) + (7 × 100) + (5 × 10) + 3

▶ Je décompose 1 947 de 3 façons et je fais vérifier par un de mes camarades.

Demain je saurai...

Écrire les nombres de 0 à 2 000 de plusieurs façons.

Lire aussi la fiche Ressource I c, p. 147.

1 **Entoure l'écriture chiffrée correcte.**

Mille trois cent un

1 310   1 031   1 301

Mille cent quatre-vingts

1 180   1 104   1 420

Mille sept cent soixante-seize

1 716   1 776   1 706

2 **Complète.**

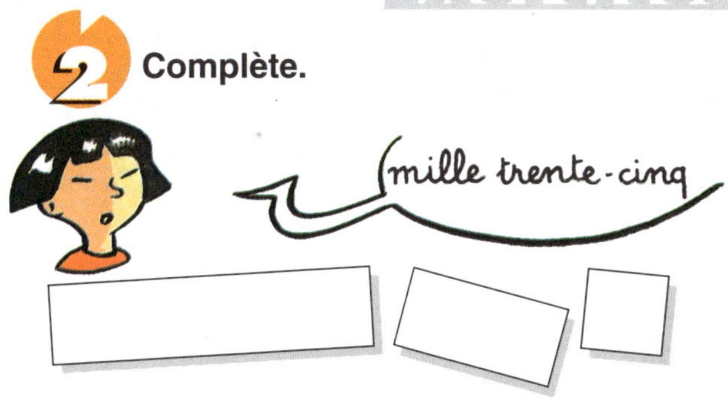

.... = ... + ... + ...

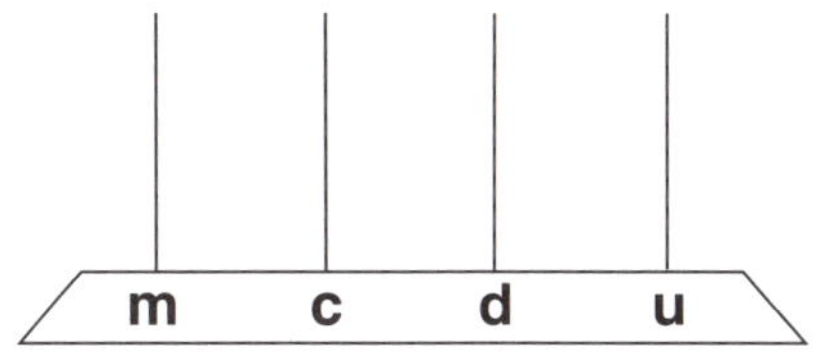

.... = (..........× ....) + (.......... × ....) + ...

3 Pour traverser le pont, **il faut marcher sur les planches qui indiquent 1 865.** Si on se trompe… on tombe !
Trace ton chemin en vert.

Étude

Décompose les nombres selon l'exemple.

Exemple : 1 830 → 1 000 + 800 + 30
→ (1 × 1 000) + (8 × 100) + (3 × 10)

1 460 → ....
→ ....

1 871 → ....
→ ....

1 507 → ....
→ ....

1 008 → ....
→ ....

J'évalue mon travail

Je compte le nombre de réponses justes.   / 8

- *Durée conseillée : 15 min*   *J'ai mis moins de 15 min* ❒   *J'ai mis plus de 15 min* ❒
- *Aides possibles : les cartons des nombres* ❒ *un abaque* ❒ *un tableau* ❒ *un camarade* ❒ *le maître* ❒

13 Les nombres de 0 à 2 000 (2)

Calcul réfléchi, séquence 13 p. 60.

La spirale des nombres

Écris les nombres qui manquent sur la spirale.

La loupe grossit une partie invisible de la spirale. **Complète-la.**

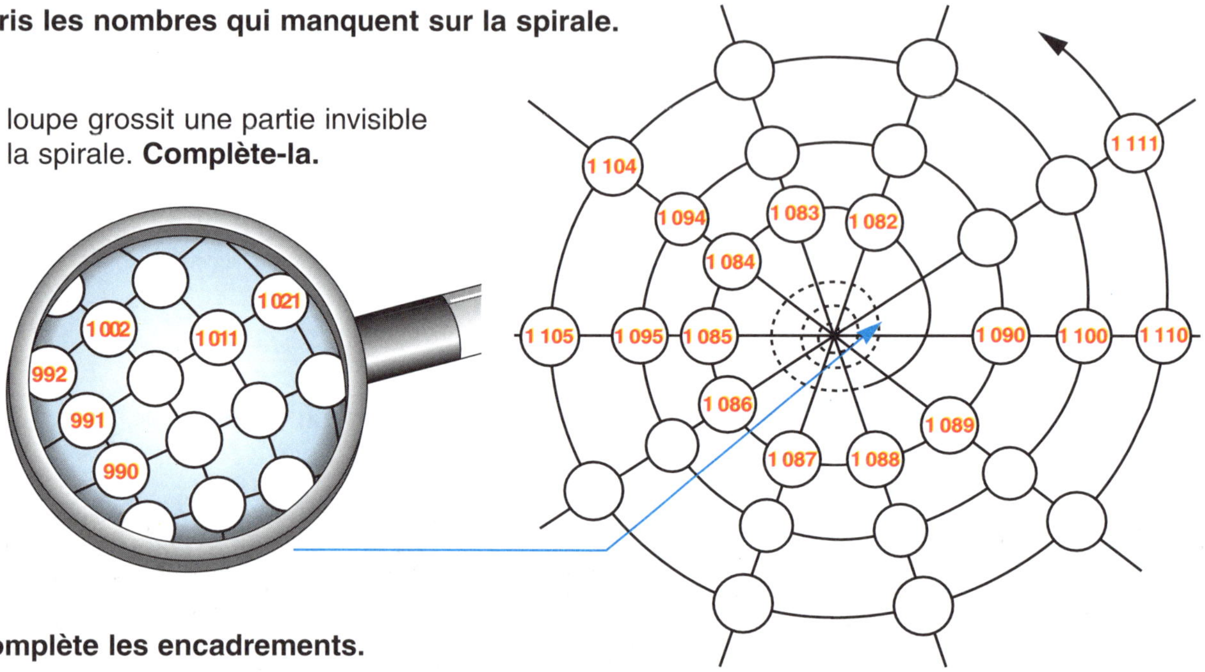

Complète les encadrements.

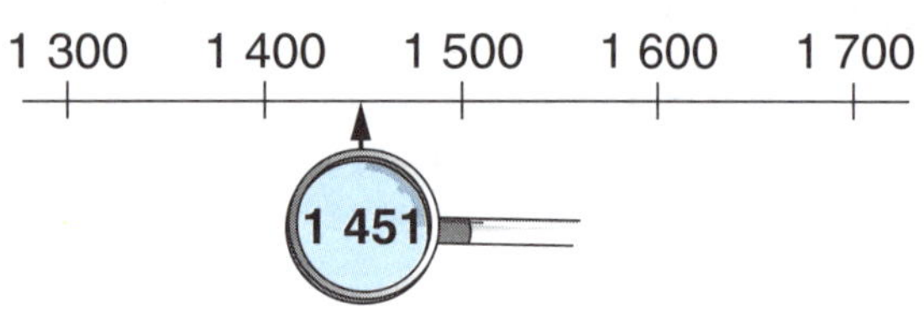

1 400 < 1 451 < ....

.... < 1 664 < ....

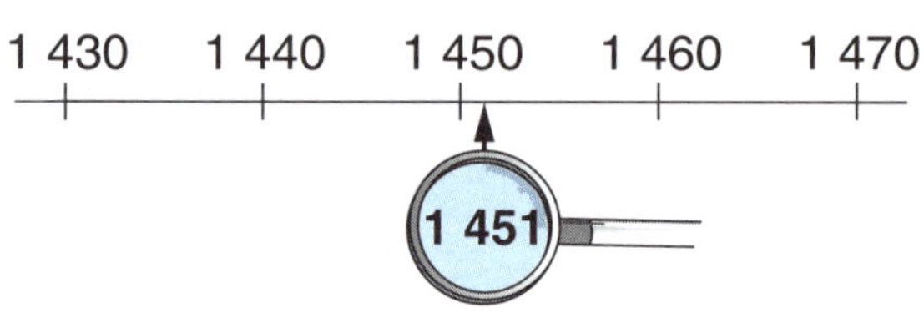

1 450 < 1 451 < ....

.... < 1 437 < ....

Repères

Je comprends

Je peux encadrer un nombre avec de plus en plus de précision.

Le nombre 1 547 est encadré par :

– les 2 milliers les plus proches	1 000 < 1 547 < 2 000
– les 2 centaines les plus proches	1 500 < 1 547 < 1 600
– les 2 dizaines les plus proches	1 540 < 1 547 < 1 550
– les 2 unités les plus proches	.... < 1 547 < ....

Demain je saurai…

Ordonner et encadrer les nombres de 0 à 2 000.

Lire aussi la fiche Ressource I D, p. 148.

Exercices

1 **Complète les encadrements** avec des nombres terminés par un 0.

.... < 1 315 < ....

.... < 1 483 < ....

.... < 1 034 < ....

.... < 1 558 < ....

2 **Complète les encadrements** avec des nombres terminés par deux 0.

.... < 1 584 < ....

.... < 1 210 < ....

.... < 1 028 < ....

.... < 1 717 < ....

3 Un seul chemin permet de sortir du labyrinthe. **Trace-le en reliant les nombres rencontrés dans l'ordre croissant** (du plus petit au plus grand). Entoure les portes par lesquelles tu es passé comme sur le modèle.

Étude

Écris en chiffres les nombres à la bonne place.

1 302 ; mille vingt-trois ; 900 – 9 ; 1 150 ; 1 000 + 200 + 4 ; neuf cent soixante-dix-neuf.

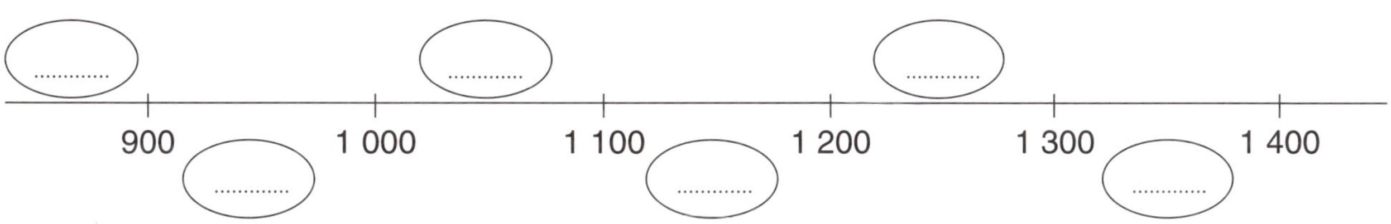

J'évalue mon travail

Je compte le nombre de réponses justes. / 6

- Durée conseillée : 10 min   *J'ai mis moins de 10 min* ❒   *J'ai mis plus de 10 min* ❒
- Aides possibles : un camarade ❒   *le maître* ❒

Savoir calculer

1 Savoir par cœur les résultats des tables.

■ Il faut les retenir en utilisant la méthode la plus efficace.

■ Et toi ? Comment utilises-tu la table de Pythagore en page 2 de couverture ?

....

....

2 Si on a oublié les résultats des tables, il faut savoir les reconstruire.

■ Complète la table en plusieurs fois.

– Ligne des 2 : compte de 2 en 2.
– Ligne des 3 : compte de 3 en 3.
– Ligne des 4 : compte de 4 en 4.

×	1	2	3	4	5	6	7	8	9	10
1	1	2	3	4	5	6	7	8	9	10
2	2	4	6	8	10	12	14			
3	3	6	9	12						
4	4	8								
5										
6										
7										
8										
9										
10										

■ Observe :
$6 \times 4 =$ .... $4 \times 6 =$ ....

3 Quelques astuces pour retrouver un produit oublié à partir d'un produit connu.

■ Continue.

Grégoire : 4×7 ?

Lou : Je connais 4×6.
$4 \times 6 = 24$

$24 + 4 =$ ....

5×7 ?

Je connais 5×6.
$5 \times 6 = 30$

....

6×6 ?

Je connais 6×5.
$6 \times 5 = 30$

....

4 Savoir évaluer le résultat d'un calcul.

$980 + 318 = ?$

980 est proche de 1 000.
318 est proche de 300.
Le résultat sera proche de ....

$793 - 207$

793 est proche de ....
207 est proche de ....
Le résultat sera proche de ....

19×32

19 est proche de ....
32 est proche de ....
Le résultat sera proche de ....

5 Connaître quelques procédures de calcul pour gagner du temps.

Pour ajouter 11

Pour ajouter 19

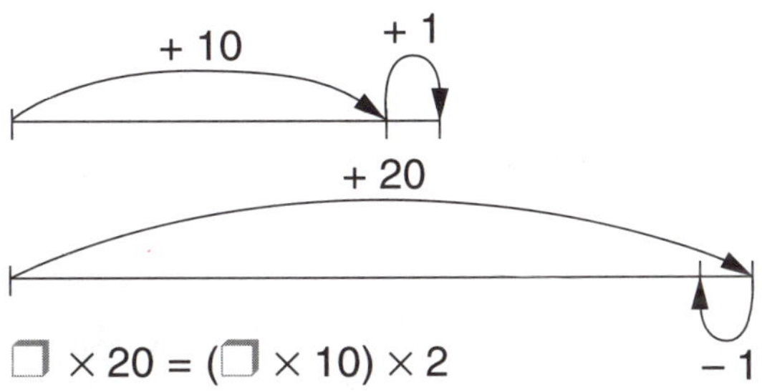

Pour multiplier par 20

❒ $\times 20 =$ (❒ $\times 10) \times 2$

❒ $\times 20 =$ (❒ $\times 2) \times 10$

■ Comment fais-tu pour…

ajouter 12 ?	retrancher 11 ?	multiplier par 30 ?

14 La monnaie

Calcul réfléchi, séquence 14 p. 60.

Demain l'euro

Valeur en francs : 3 424 F (trois mille quatre cent vingt-quatre francs)

Valeur en euros : 522 € (cinq cent vingt-deux euros)

Pour s'offrir cette télévision, Mme Chonban paye en euros et M. Moulit en francs.

• **À l'aide des pièces et des billets, trouve plusieurs façons de payer.**

en euros	en francs
....	....
....	....
....	....

Antoine casse sa tirelire et porte ses économies à la banque.

• **Complète le reçu du banquier.**

Banque Nationale de Poitiers

Reçu la somme de : .... €
en chiffres

.... euros
en lettres

Repères

Je comprends

Je peux faire des échanges avec la monnaie.

10 + 20 + 20 = 50

5 + 5 + 2 + 2 + 2 + 1 = ...

(2 × 5) + (3 × 2) + 1 = ...

Demain je saurai...

Compter et échanger la monnaie en francs et en euros.

Activités préparatoires, guide pédagogique, leçon 14.

Exercices

1 **Colorie en rouge la touche du distributeur de billets** sur laquelle Marie a appuyé.
Colorie en vert celle sur laquelle Julien a appuyé.

2 Un commerçant échange un billet de 200 F contre des pièces de 1 F.
Combien va-t-il avoir de pièces ?

....

3 Un commerçant échange un billet de 500 € contre des billets de 10 €
Combien va-t-il recevoir de billets ?

....

4 **Complète ce chèque.**

Banque Nationale	1 500 F
En lettres	
....	

Combien de billets de 100 F le caissier va-t-il remettre contre ce chèque ?

....

5 **Complète ce chèque.**

Banque Nationale	5 000 €
En lettres	
....	

Combien de billets de 500 € le caissier va-t-il remettre contre ce chèque ?

....

Étude

Cette paire de chaussures coûte 459 F, soit 70 €.
Trouve 2 façons de payer dans chaque monnaie.

en francs	**en euros**
459 :	70 : ....
....	....

J'évalue mon travail

Je compte le nombre de réponses justes. | / 4 |

- *Durée conseillée : 15 min* *J'ai mis moins de 15 min* ☐ *J'ai mis plus de 15 min* ☐
- *Aides possibles : des pièces et des billets* ☐ *un camarade* ☐ *le maître* ☐

15 Résoudre des situations additives et soustractives (1)

Calcul réfléchi, séquence 15 p. 60.

En Hollande

Hans doit couper les 126 tulipes de son jardin.
Il en a déjà coupé 84. Combien doit-il encore en couper ?
• Complète le schéma et réponds à la question.

126 → (– 84) → ☐

.... – .... = ...

Hans doit encore couper .... tulipes.

Charlotte a utilisé 64 tulipes pour faire des bouquets et son amie Marion 82 tulipes.
Combien de tulipes Marion a-t-elle utilisées en plus pour faire son bouquet ?
• Complète les égalités et réponds à la question.

64 |------------| - - - - Je cherche la différence.

82 |----------------|

64 + ... = 82 82 – 64 = ...

La différence est de .... tulipes.

Repères

Je comprends

Avant de résoudre un problème, je lis bien la question pour savoir ce que je cherche.
Je peux m'aider d'un schéma.

▶ J'ai 12 billes. J'en perds 3.

Il m'en reste ....

Je sais → (Je sais) → Je cherche

▶ Victor a 15 images. Anne 10.

Victor a .... images de plus qu'Anne.

Je sais |----------------|

Je sais |------------| Je cherche

Demain je saurai…

Résoudre des problèmes à structure additive ou soustractive.

Lire aussi la fiche Ressource II B, p. 151.

Exercices

1 Pour monter en haut d'un phare, il faut gravir 250 marches.
Mélanie en a déjà gravi 74.
Combien de marches doit-elle encore monter ?

....

....

....

2 192 coureurs prennent le départ du Tour de France. 87 le terminent.
Combien de participants ont abandonné ?

....

....

....

3 Je me pèse et je lis 32 kg.
Je prends mon chat dans mes bras et je lis 36 kg.
Combien pèse mon chat ?

....

....

....

4 115 élèves fréquentent la cantine. 40 élèves du primaire et 26 de la maternelle mangent au premier service.
Combien d'élèves mangent au second service ?

....

....

....

5 À la fin d'une partie de dominos, Aude a 96 points, Benjamin 62 et Karim 79.
Calcule les différences de points entre chacun des 3 joueurs.

....

....

....

....

....

Étude

Résous ces problèmes.

Un éléphant d'Asie pèse environ 5 tonnes. Il pèse 2 tonnes de plus qu'un éléphant d'Afrique. Combien pèse un éléphant d'Afrique ?

....

Dans l'autobus, il y a 46 personnes. 8 descendent à l'arrêt. Combien reste-t-il de personnes dans l'autobus après cet arrêt ?

....

J'évalue mon travail

Je compte le nombre de réponses justes. ☐ / 2

- *Durée conseillée : 10 min* — *J'ai mis moins de 10 min* ☐ — *J'ai mis plus de 10 min* ☐
- *Aides possibles : des schémas* ☐ — *un camarade* ☐ — *le maître* ☐

Activités complémentaires, guide pédagogique, leçon 15.

16 Reproduire des figures

Calcul réfléchi, séquence 16 p. 60.

Les drapeaux

Reproduis ce drapeau sur le fond quadrillé. Utilise un calque pour la feuille d'érable.

CANADA

Utilise ta règle, ton équerre et ton compas pour reproduire ce drapeau.

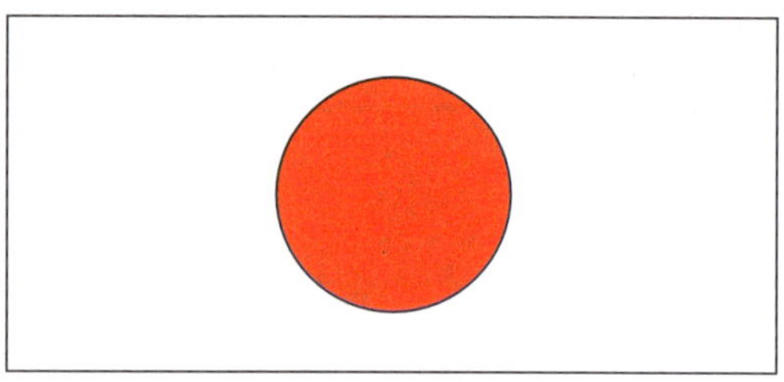

JAPON

Colorie à l'identique ces 2 drapeaux.

Repères

Je comprends

Pour reproduire avec précision des figures, je peux utiliser : un quadrillage, un calque, une règle, une équerre, un compas, etc.

▶ Pour reproduire ce drapeau, j'utilise le quadrillage de mon cahier

et ....

....

NÉPAL

Demain je saurai...

Reproduire des figures planes en utilisant différentes techniques.

Lire aussi la fiche Ressource III D, p. 155.

Exercices

1 **Termine la reproduction de cette figure.** Colorie à ton idée.

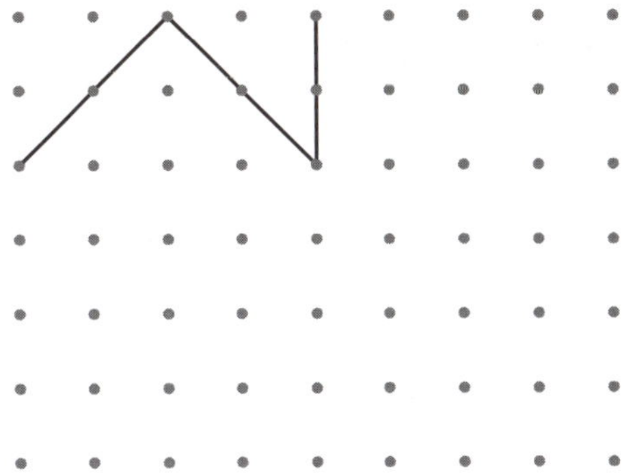

2 **Reproduis cette figure à partir du point.**

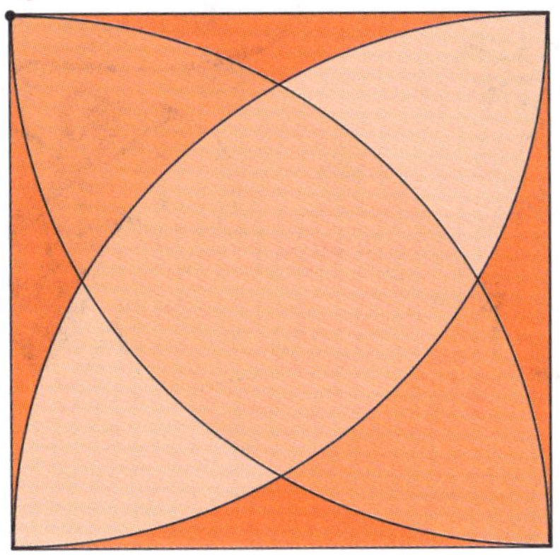

Explique comment tu as procédé.

....

....

....

Étude

Reproduis sur ton cahier le drapeau de la Suisse en utilisant la méthode de ton choix.

J'évalue mon travail

Je compte le nombre de points gagnés (2 points pour le rectangle, 3 points pour la croix). | /5 |

- *Durée conseillée : 15 min* *J'ai mis moins de 15 min* ❐ *J'ai mis plus de 15 min* ❐
- *Aides possibles : un camarade* ❐ *le maître* ❐

17 Se poser des questions

▶ Calcul réfléchi, séquence 17 p. 60.

Noël au Cirque d'hiver

Pour les fêtes de Noël, l'école Gambetta se rend au Cirque d'hiver à Paris.
23 élèves de CP, 47 élèves de CE et 54 élèves de CM participent à cette sortie.
Le directeur réserve 3 autocars. Le départ aura lieu à 13 h. Les places coûtent 20 F par élève (elles sont gratuites pour les accompagnateurs).

• Voici des questions posées par des enfants.

• Réponds, si tu le peux, à la question posée par :

Thomas : ....

Émilie : ....

Mathieu : ....

Zoé : ....

• À ton tour, invente d'autres questions.

....

....

Repères

Je comprends

À la lecture d'un énoncé mathématique, je peux me poser plusieurs questions, mais je dois distinguer :

– celles dont la réponse est directement donnée dans le texte (celle d'Émilie) ;
– celles dont la réponse demande un calcul (celle de Thomas) ;
– celles pour lesquelles je n'ai pas toutes les données (celle de Mathieu) ;
– celles qui ne sont pas mathématiques (celle de Zoé).

▶ Je trouve d'autres exemples de questions sur le problème « Noël au cirque ».

Demain je saurai...

Me poser différentes questions sur un énoncé mathématique.

Lire aussi la fiche Ressource II B, p. 151.

1 Entoure les questions auxquelles on répond en faisant un calcul.

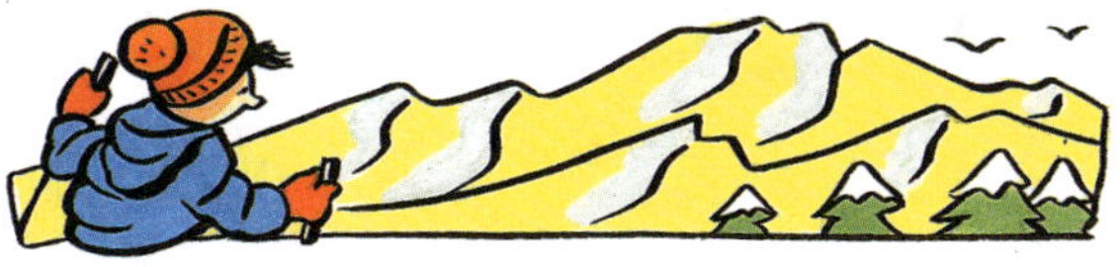

• Le point culminant des Alpes est le mont Blanc (4 807 m) et celui des Pyrénées le pic d'Aneto (3 404 m).

a) Quel est le point culminant des Alpes ?

b) À quelle altitude culminent les Pyrénées ?

c) Quelle est la différence d'altitude entre le mont Blanc et le pic d'Aneto ?

• Tchang veut acheter une boîte de jeux à 210 F. Il a 200 F.

a) Quel est le prix de la boîte de jeux ?

b) Combien manque-t-il à Tchang ?

c) De quelle somme dispose-t-il ?

2 Pour chaque énoncé, invente deux questions, une à laquelle tu répondras en lisant l'énoncé et l'autre en faisant un calcul.

• Sur une commande de 50 bandes dessinées, un libraire a vendu 12 albums le lundi et 7 le mardi.

1) ....

....

2) ....

....

• Un pâtissier a cuit 120 croissants le matin et 60 l'après-midi.

1) ....

....

2) ....

....

3 Observe cette affiche et invente plusieurs questions.

CINÉPOLE		
Tarifs	**Semaine**	**Samedi Dimanche**
Adulte	30 F	42 F
Enfant – de 12 ans	15 F	21 F
Étudiant	20 F	25 F

Des questions auxquelles on peut répondre en lisant.

....

....

Des questions auxquelles on peut répondre en calculant.

....

....

Étude

Pose 3 questions sur cet énoncé.

Sur un parking de 100 places, 20 places sont réservées aux véhicules de livraison, 10 places aux handicapés, le reste aux voitures particulières. 10 camions de livraison et 48 voitures particulières sont garés.

1) ....

2) ....

3) ....

J'évalue mon travail

Je compte le nombre de réponses justes. / 3

• *Durée conseillée : 15 min* *J'ai mis moins de 15 min* ❐ *J'ai mis plus de 15 min* ❐

• *Aides possibles : un camarade* ❐ *le maître* ❐

Activités complémentaires, guide pédagogique, leçon 17.

18 Soustraire (1)

Calcul réfléchi, séquence 18 p. 60.

Randonnée cycliste

1er jour : 200 km à parcourir

En fin de journée, Marc regarde son compteur kilométrique : il a parcouru 154 km. Quelle distance lui reste-t-il à effectuer ?

- **Complète sa manière de calculer.**

+ ....

+ 6 + 40

154 200

154 + ... = 200 ou 200 – 154 = ...

2e jour : 245 km à parcourir

À midi, le compteur kilométrique de Marc est à 132 km.

- **Calcule avec Marc la distance qu'il lui reste à parcourir.**

– 132

– 2 – 30 – 100

.... 245

245 – 132 = ... ou 245 – .... = 132

Repères

Je comprends

Avant de faire une soustraction de tête, je choisis une façon de procéder : « en avançant » ou en « reculant ».

+ ....

+ 5 + 28

395 — 428

– 5 – 28

– ....

Demain je saurai...

Choisir la meilleure méthode de calcul.

Lire aussi la fiche Ressource I E, p. 149.

Activités préparatoires, guide pédagogique, leçon 18.

Exercices

1 Calcule en avançant.

225 – 174 = ...

174 → + 6 → .... → + 20 → .... → + ... → 225 (+ ....)

512 – 445 = ...

445 → + 5 → .... → + ... → .... → + ... → 512 (+ ....)

500 – 268 = ...

268 → + ... → .... → + ... → .... → + ... → .... (+ ....)

2 Calcule en reculant.

400 – 310 = ...

400 → – 300 → 100 → – 10 → .... (– 310)

510 – 408 = ...

510 → – 400 → .... → – .... → .... (– 408)

418 – 20 = ...

418 → – .... → .... → – .... → .... (– ....)

3 Calcule la distance :

– entre Lyon et Auxerre ;

....

– entre Orléans et Limoges.

....

Étude

Calcule la durée de construction de ces cathédrales.

	Début	Fin
Chartres	1194	1260
N.-D. de Paris	1160	1255
Sens	1130	1170
Amiens	1220	1280

....

....

....

....

J'évalue mon travail

Je compte le nombre de réponses justes. / 4

- *Durée conseillée : 15 min* — *J'ai mis moins de 15 min* ❒ — *J'ai mis plus de 15 min* ❒
- *Aides possibles : des schémas* ❒ — *un camarade* ❒ — *le maître* ❒

19 Mesure de longueurs (1)

Calcul réfléchi, séquence 19 p. 60.

La flûte de Pan

Miguel et Isabella fabriquent une flûte de Pan. Il faut couper 7 morceaux de roseau de longueurs différentes. Ils en ont déjà coupé 6.

- **Vérifie la longueur du premier et indique celle des autres.** Utilise ton double décimètre.

- Le dernier morceau doit mesurer 1 dm 2 cm 5 mm.

Trace un trait sur la tige ci-dessous pour indiquer l'endroit où les enfants doivent la couper.

- **Écris les mesures des morceaux de roseau du plus court au plus long.**

4 cm 2 mm < ....

Repères

Je comprends

Avec le double décimètre, je peux mesurer des longueurs en :

millimètres (mm) — centimètres (cm) — décimètres (dm)

10 mm = 1 cm — 10 cm = 1 dm

Pour mesurer, pars bien du zéro.

▶ Le segment rouge mesure .... cm .... mm ou 46 mm.

Demain je saurai...

Tracer et mesurer un segment à l'aide d'un double décimètre.

Lire aussi la fiche Ressource IV B, p. 158.

Activités préparatoires, guide pédagogique, leçon 19.

Exercices

1 **Relie chaque compas à son emplacement dans la boîte.**
Aide-toi de ton double décimètre.

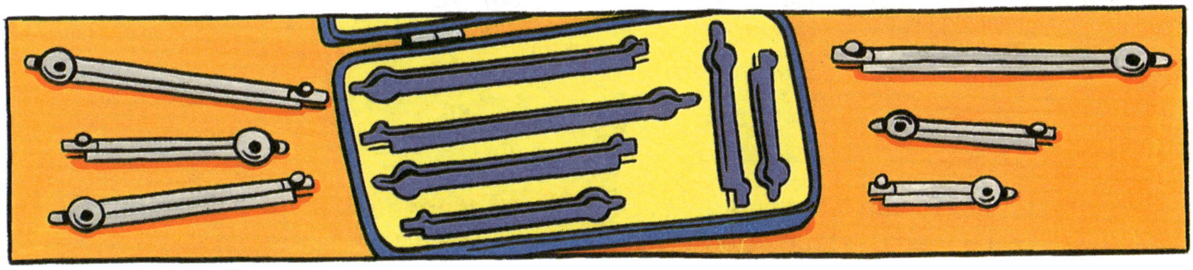

2 **Termine le dessin du voilier en respectant les dimensions indiquées.**

3 **Complète le tableau.**

5 cm	50 mm
6 cm 2 mm	
	36 mm
6 cm	60 mm
	75 mm

4 **Mets une croix devant la longueur qui te semble possible.**

❐ 8 mm
❐ 5 cm
❐ 8 cm

❐ 10 mm
❐ 10 cm
❐ 28 cm

❐ 10 cm
❐ 20 cm
❐ 40 cm

Étude

Trace 3 autres lettres avec ton double décimètre à partir d'un ou plusieurs segments de même dimension que ceux de la lettre F.

J'évalue mon travail

Je compte le nombre de réponses justes. ___ / 3

- *Durée conseillée : 15 min* *J'ai mis moins de 15 min* ❐ *J'ai mis plus de 15 min* ❐
- *Aides possibles : un camarade* ❐ *le maître* ❐

20 Trier les données

Calcul réfléchi, séquence 20 p. 60.

Une randonnée

Pour le week-end du 1er mai, 4 amis partent pour une randonnée pédestre.
Le départ est fixé à 8 h et le retour à 20 h. Une halte de 12 h à 14 h est prévue pour le repas.
Ils parcourent 16 km le matin et 20 km l'après-midi.
Dans l'épicerie du village, ils ont acheté, pour le déjeuner, 2 pains pour 10 F, 3 bouteilles de jus de fruits à 9 F la bouteille, 40 F de charcuterie, 27 F de fromage et 36 F de fruits.

a) Combien de temps ont-ils marché ?
b) Quelle somme ont-ils dépensée ?
c) Quelle distance ont-ils parcourue ?

• **Classe dans chaque colonne les données utiles pour répondre aux questions.**

Question a	Question b	Question c
Départ 8 h Retour 20 h		

• **Réponds aux questions.** a : .... b : .... c : ....

• **Barre les données numériques qui te sont inutiles** pour résoudre ce problème.

• Peux-tu répondre à la question suivante : **quelle somme d'argent leur rend-on à l'épicerie ?**

....

• **Quelle donnée te manque-t-il ?** ....

Repères

Je comprends

Pour résoudre un problème, je cherche dans l'énoncé les données utiles (les nombres et les mots) avant de commencer les calculs. Dans le cas où une donnée est manquante, je dois la trouver par le calcul, sinon je ne peux pas résoudre le problème.

▶ J'entoure les données utiles et je barre les données inutiles pour résoudre ce problème.
Les grands-parents de Paul habitent à 26 km de chez lui. Ils sont venus dans sa maison passer 8 jours. Ils ont prolongé leur séjour de 3 jours.
Combien de temps ont-ils réellement passé chez Paul ?

Demain je saurai...

Trier les données nécessaires à la résolution d'un problème.

Lire aussi la fiche Ressource II B, p. 151.

1 **Souligne les données utiles pour répondre aux questions posées.**

• Lors d'une course de 5 km, 26 concurrents sont au départ. 7 abandonnent.
Combien de concurrents terminent la course ?

• Pour 56 F, Aïcha achète 2 cornets et 3 esquimaux. Elle donne 100 F.
Combien lui rend-on ?

2 **Pour répondre aux questions posées, quelles informations manque-t-il ?**

• Dimitri a acheté 4 petites voitures à 21 F pièce. Combien lui rend-on ?

....

....

• Après 2 lancers, Amandine a fait tomber 8 quilles. Combien en reste-t-il debout ?

....

....

• Durant la récréation, Omar a gagné 6 billes. Combien en a-t-il à la fin de la récréation ?

....

....

3 **Lis bien la question suivante :**
« Combien Romain a-t-il de voitures dans sa collection ? »
Transforme le texte qui suit en un court énoncé de problème se terminant par la question ci-dessus.

Romain a 8 ans et collectionne les petites voitures. Sur une étagère, il y a 10 coffrets complets. Sur la seconde, 10 coffrets mais 2 sont vides et l'un ne contient qu'une voiture. Dans chaque coffret, il peut ranger 6 voitures. Pour son anniversaire, sa famille veut lui offrir d'autres coffrets et, comme il a bien travaillé, il espère en avoir de nombreux.

....

....

....

....

....

....

Étude

Souligne les données utiles pour répondre à la question et résous le problème.

Cette salle de théâtre comprend 250 places. À la séance de 14 h, il y a eu 137 spectateurs, 164 à celle de 16 h, 206 à celle de 21 h. La place est vendue 30 F durant les séances de l'après-midi et 42 F à la séance de 21 h.
Combien le théâtre a-t-il encaissé cet après-midi ?

....

J'évalue mon travail

Je compte le nombre de réponses justes. | /6

- *Durée conseillée : 5 min* *J'ai mis moins de 5 min* ❐ *J'ai mis plus de 5 min* ❐
- *Aides possibles : un camarade* ❐ *le maître* ❐

Activités complémentaires, guide pédagogique, leçon 20.

8 ÉNIGMES À RÉSOUDRE EN ÉQUIPES

MON ÉQUIPE

Règle du jeu : cf. p. 3.

Durée : 40 min

Ma classe se partage en .... équipes de .... joueurs qui vont s'affronter.

Prénoms des camarades de mon équipe et numéros des énigmes qu'ils vont résoudre :

....

....

....

1 Les fléchettes — 3 POINTS

À la fête foraine, Yasmine, Benjamin et Amélie ont lancé chacun 6 fléchettes. Amélie, avec 3 fléchettes seulement, a réussi un score égal à ceux de Benjamin et Yasmine réunis.
Sur la cible, dessinez ses 3 fléchettes.

2 Les euros — 5 POINTS

Jean possède 35 euros. Ces 35 euros sont composés d'un nombre égal de billets de 5 euros et de pièces de 2 euros.
Dessinez les billets et les pièces de Jean sur une feuille de papier.

3 La fortune — 10 POINTS

Céline dispose de 338 F ; elle regarde sa fortune, qui se compose de 2 billets et de 5 pièces.
Dessinez les billets et les pièces de Céline sur une feuille de papier.

4 Qui suis-je ? — 10 POINTS

Trouvez en quelle année l'homme a marché pour la première fois sur la Lune.

– Cette année est comprise entre 1 000 et 2 000.
– Si on ajoute le premier chiffre et le dernier chiffre, on obtient une dizaine.
– Si on ajoute le deuxième chiffre et le troisième chiffre, on obtient une dizaine et sa moitié.
– Le deuxième chiffre est égal au quatrième chiffre.

C'est en .... que l'homme a marché pour la première fois sur la Lune.

5 Les âges

12 POINTS

25 ans séparent Michel de Jean. Alfred a 12 ans de plus que Jean. Michel, qui est le plus âgé, aura 48 ans dans 12 mois.

Quel est l'âge de chacun ? ....

6 Le magicien

15 POINTS

Mesurez les sabres du magicien, puis **coloriez ceux du coffre.**

7 Reproduction

20 POINTS

Reproduisez cette figure.

8 Que de questions !

25 POINTS

Observez le document suivant et **inventez 5 questions dont 3 devront nécessiter un calcul pour pouvoir répondre.** Écrivez-les sur une feuille de papier.

Animaux d'Afrique	Durée de vie	Hauteur	Masse
Éléphant	55 ans	3 m	4 500 kg
Girafe	25 ans	5 m	500 kg
Zèbre	12 ans	130 cm	250 kg
Antilope	16 ans	110 cm	80 kg

CALCUL DU SCORE DE MON ÉQUIPE

Énigmes	1	2	3	4	5	6	7	8	TOTAL
Points									

Évaluation 2

1 *Je sais **reconnaître** les parallèles et les perpendiculaires.*

Dans cette figure, **compte le nombre d'angles droits et le nombre de paires de parallèles.**

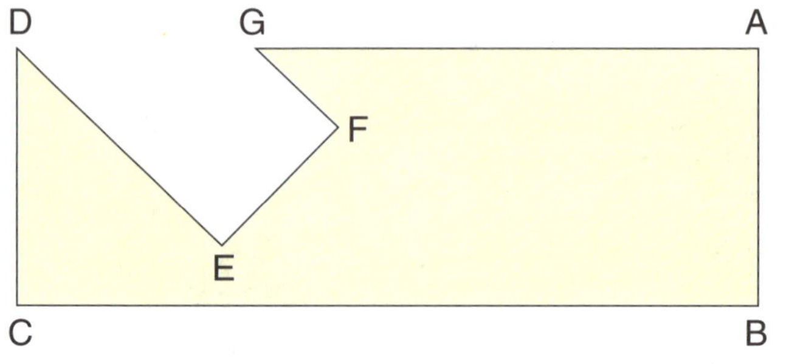

Angles droits : ....

Paires de parallèles : ....

3 points pour les parallèles, 2 points pour les angles droits.
Colorie le nombre de points gagnés.

2 *Je sais **écrire** des nombres jusqu'à 2 000.*

Complète le tableau.

	m	c	d	u
mille douze				
....	1	9	0	1
mille cent cinq				
....	1	0	9	9
mille huit cents				

Colorie le nombre de réponses justes.

3 *Je sais **mesurer** des longueurs avec la règle.*

Mesure chaque crayon.

Écris tes réponses dans le tableau.

Crayon	Mesure
a	
b	
c	
d	
e	

Colorie le nombre de réponses justes.

4 Je sais **choisir** la bonne opération pour résoudre un problème.

Marie, Karim et Fabrice jouent avec un jeu de 54 cartes. Karim distribue 12 cartes à chacun.

a. Combien de cartes a-t-il distribuées ?

....

b. Combien y a-t-il de cartes à la pioche ?

....

c. Si Karim distribue à nouveau 6 cartes à chacun, combien chaque joueur aura-t-il de cartes ?

....

d. Y aura-t-il des cartes à la pioche ? Si oui, combien ?

....

1 point par question, 1 point pour le soin.
Colorie le nombre de points gagnés.

5 Je sais **compter** et échanger la monnaie.

À l'aide des pièces et des billets, trouve :
– **2 façons de payer en francs ;**
– **3 façons de payer en euros.**

....

....

....

....

....

Colorie le nombre de réponses justes.

Je Fais Mon Bilan

Pour chaque exercice, colorie la case qui correspond à ton résultat.

		☹	☹	😐	🙂	😀
Exercice **1**	Je reconnais les parallèles et les perpendiculaires.					
Exercice **2**	J'écris les nombres jusqu'à 2 000.					
Exercice **3**	Je mesure des longueurs.					
Exercice **4**	Je choisis la bonne opération.					
Exercice **5**	Je compte et j'échange la monnaie.					

▶ **Reporte tes résultats** à la fin de ton fichier.

Calcul réfléchi 2

11 **Multiplier** par 4, 5 ou 6.

- quatre multiplié par cinq
- deux multiplié par six
- cinq multiplié par six
- trois multiplié par quatre

4 × 5 = 20 ; ....

12 **Multiplier** par 7 ou 8.

- quatre multiplié par huit
- trois multiplié par sept
- huit multiplié par sept
- six multiplié par huit

32 ; ....

13 **Multiplier** par 9.

- trois multiplié par neuf
- six multiplié par neuf
- huit multiplié par neuf
- sept multiplié par neuf

27 ; ....

14 **Soustraire** un nombre à 1 chiffre.

72 – 6 | 87 – 8 | 123 – 7 | 134 – 5 | 171 – 8

72 – [6] = 72 – [2] – [4] = 66 ; ....

15 **Enlever** 9, **enlever** 11.

- dix-sept moins neuf
- vingt moins onze
- vingt-trois moins neuf
- trente-quatre moins onze

17 – [9] = 17 – [10] + [1] = 8 ; ....

16 **Calculer** avec la multiplication à trous.

Par quel nombre faut-il multiplier 6 pour obtenir 24 ?

8 × [ ] = 40

[ ] × 7 = 42

9 × [ ] = 54

6 × [4] = 24 ; ....

17 **Soustraire** sans retenue.

185 – 85 | 234 – 134 | 327 – 127 | 688 – 288 | 545 – 145

185 – 85 = 100 ; ....

18 **Calculer** avec la soustraction à trous.

Quel nombre faut-il enlever à 50 pour obtenir 30 ?

80 – [ ] = 60

200 – [ ] = 100

65 – [ ] = 15

50 – [20] = 30 ; ....

19 **Multiplier** par 10.

- huit multiplié par dix
- dix multiplié par dix
- neuf multiplié par dix
- onze multiplié par dix

8 × 10 = 80 ; ....

20 **Trouver l'ordre** de grandeur.

210 × 4	800	8 000	80
480 × 3	150	1 500	5 100
690 × 6	42	420	4 200
1 800 × 5	1 000	100	10 000

210 est proche de 200

200 × 4 = [800] ; ....

* Gamme complète d'activités, guide pédagogique, calcul réfléchi.

Période 3

Symétrie et arts décoratifs

Dans tous les pays et à toutes les époques, artistes et artisans ont utilisé des motifs symétriques pour décorer des bâtiments, des objets et des tissus.

■ Continue les frises.

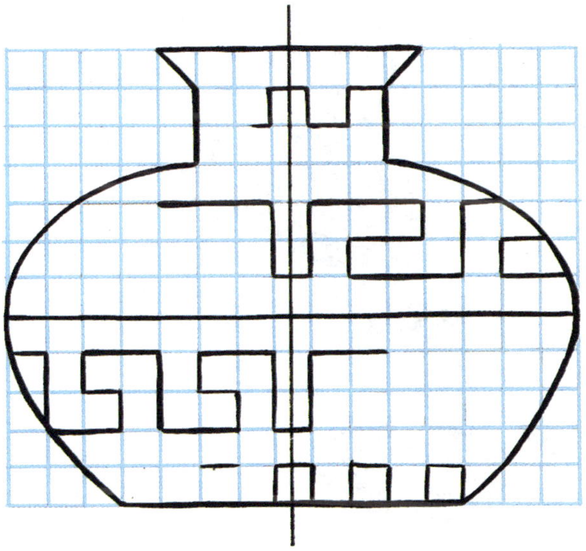

D'après une poterie grecque

■ Trace les axes de symétrie. Colorie.

D'après un tissu indien

■ Continue le coloriage symétrique.

D'après une peinture polonaise

21 Les solides (1)

Calcul réfléchi, séquence 21 p. 88.

Qui suis-je ?

Observe les 3 solides, puis réponds aux devinettes.

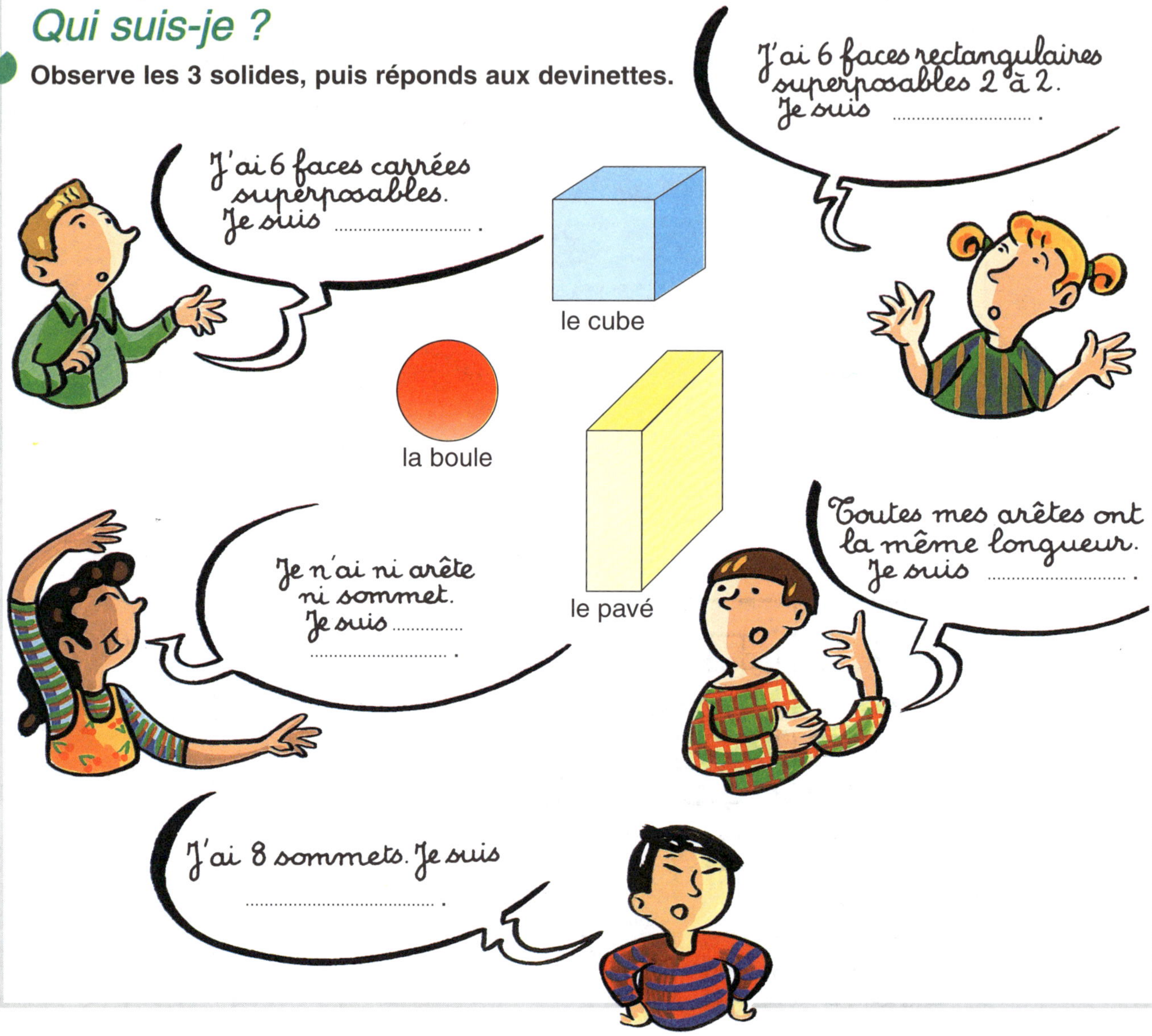

Repères

Je comprends

- Pour décrire les solides, j'utilise les mots « face », « sommet » et « arête ».
- Je reconnais et je classe les solides d'après le nombre et la forme de leurs faces.

– Les cubes ont 6 faces carrées.

– Les pavés ont 6 faces ....

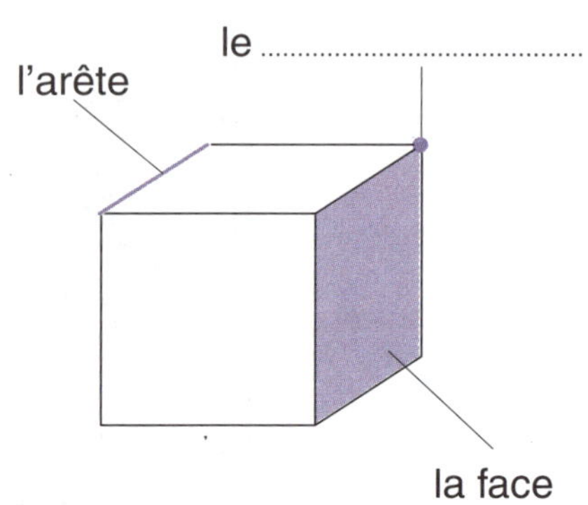

Demain je saurai...

Reconnaître, classer et décrire des solides (pavé, cube, boule).

Lire aussi la fiche Ressource III E, p. 156.

Activités préparatoires, guide pédagogique, leçon 21.

1 Relie chaque objet au solide correspondant.

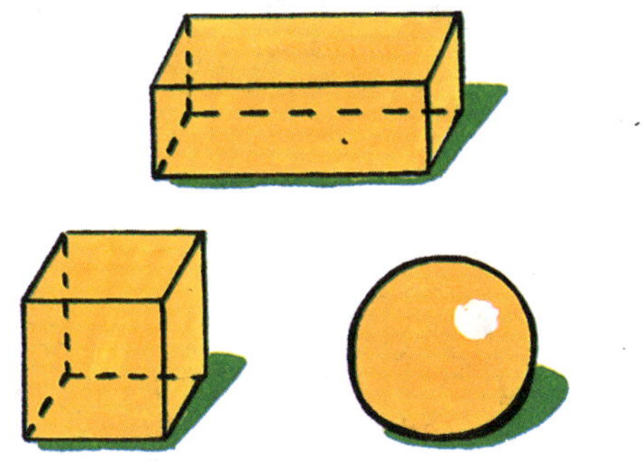

2 Complète la carte d'identité de ces 2 solides.

Nom : ....

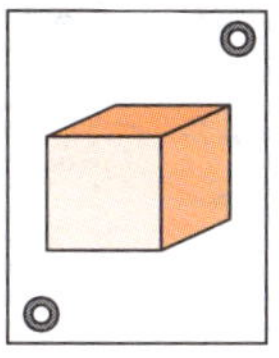

Nombre de faces : ....

Nombre d'arêtes : ....

Nombre de sommets : ....

Forme des faces : ....

Objet qui lui ressemble : ....

Nom : ....

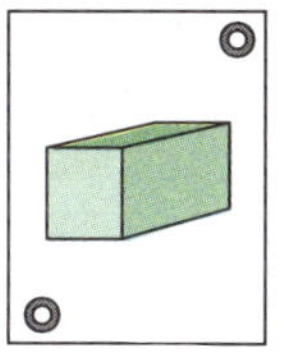

Nombre de faces : ....

Nombre d'arêtes : ....

Nombre de sommets : ....

Forme des faces : ....

Objet qui lui ressemble : ....

Étude

Entoure en bleu les étiquettes qui permettent de décrire le pavé.

J'évalue mon travail

Je compte le nombre de réponses justes. /5

- *Durée conseillée : 10 min* — *J'ai mis moins de 10 min* ❐ — *J'ai mis plus de 10 min* ❐
- *Aides possibles : des objets réels* ❐ — *un camarade* ❐ — *le maître* ❐

Activités complémentaires, guide pédagogique, leçon 21.

22 Les nombres de 0 à 5 000 (1)

▶ Calcul réfléchi, séquence 22 p. 88.

Manipulations

Les 3 enfants construisent le même nombre. Lequel ? ....

• Pierre utilise l'abaque. **Complète l'égalité.**

.... = (.................. × ....) + (.................. × ....) + (.................. × ....) + ...

• Pauline utilise les cartons des nombres. **Complète les cartons et l'égalité.**

.... + ... + ... + ... = ...

• Djamel dit le nombre et l'écrit en lettres. **Complète la bulle.**

Repères

Je comprends

Je peux écrire un nombre de plusieurs façons :

avec ses décompositions

4	0	0	0
	5	0	0
		7	0
			9

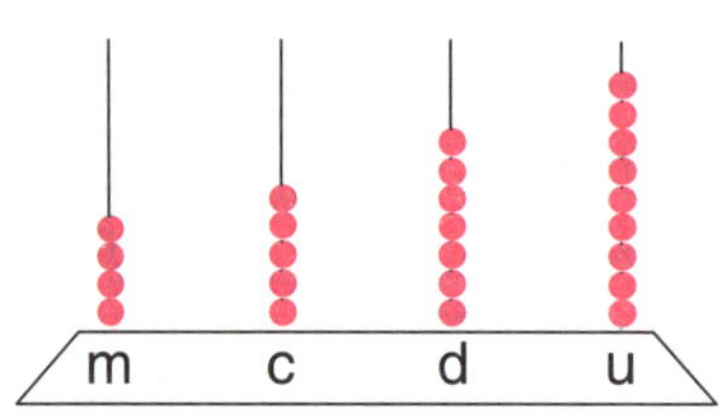

4 000 + 500 + 70 + 9   (4 × 1 000) + (5 × 100) + (7 × 10) + 9

avec ses écritures courantes

4 579

Quatre mille cinq cent soixante-dix-neuf

▶ J'écris 3 687 sur mon cahier de plusieurs manières. Je fais vérifier par un camarade.

Demain je saurai...

Écrire les nombres de 0 à 5 000 de plusieurs façons.

Lire aussi la fiche Ressource I c, p. 147.

1 **Écris en chiffres les nombres représentés.**

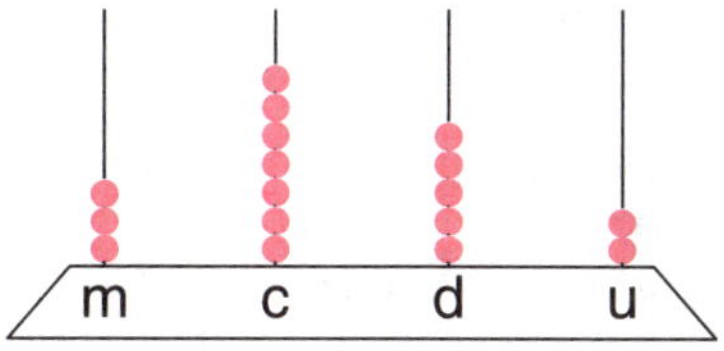

8

4 0 0

2 0 0 0

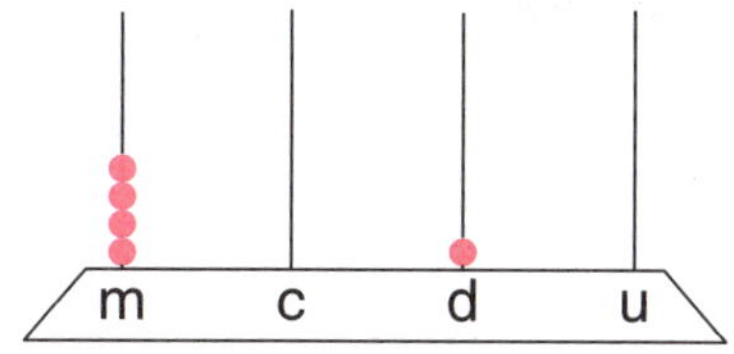

....

2 **Que représente le chiffre 4 dans chaque nombre ? Coche la bonne case.**

4 276	2 004	2 547	3 438
❐ unités	❐ unités	❐ unités	❐ unités
❐ dizaines	❐ dizaines	❐ dizaines	❐ dizaines
❐ centaines	❐ centaines	❐ centaines	❐ centaines
❐ mille	❐ mille	❐ mille	❐ mille

3 **Colorie d'une même couleur les ballons qui représentent un même nombre.**

- $(2 \times 1\,000) + (3 \times 100) + (3 \times 10) + 7$
- deux mille trente-sept
- $(2 \times 1\,000) + (3 \times 10) + 7$
- $(2 \times 1\,000) + (3 \times 100) + 7$
- $2\,000 + 30 + 7$
- deux mille trois cent sept
- $2\,000 + 300 + 30 + 7$

Étude

Complète la grille horizontalement.

a. 3 000 + 400 + 20 + 1

b. 2 000 + 100 + 60 + 5

c. 1 000 + 200 + 9

d. 4 000 + 800 + 70

	A	B	C	D
a				
b				
c				
d				

Écris en lettres les nombres obtenus verticalement.

A : ....

B : ....

C : ....

D : ....

J'évalue mon travail

Je compte le nombre de réponses justes. | /8

- *Durée conseillée : 15 min* — *J'ai mis moins de 15 min* ❐ — *J'ai mis plus de 15 min* ❐
- *Aides possibles : les cartons des nombres* ❐ — *un camarade* ❐ — *le maître* ❐

23 Les nombres de 0 à 5 000 (2)

Calcul réfléchi, séquence 23 p. 88.

Nombre de joueurs : 2
Matériel : tous les cartons des nombres.

Jeu avec les cartons

Règle du jeu : le premier joueur compose un nombre à 4 chiffres.
Le second doit composer un nombre plus grand en changeant un seul carton.

Exemple :

- **Écris en chiffres les autres solutions possibles :** ....

....

Variante du jeu : le second joueur est obligé de changer 2 cartons.

- **Écris en chiffres les autres solutions possibles :** ....

....

....

Repères

Je comprends

Pour comparer des nombres, j'observe bien :

– le nombre de chiffres	496 (3 chiffres) < 2 987 (4 chiffres)
– le chiffre des mille	3 961 < 4 210 car 3 < 4
– le chiffre des centaines	2 674 < 2 901 car 6 < 9
– le chiffre des dizaines	4 319 < 4 364 car 1 < 6
– le chiffre des unités	3 942 < 3 943 car .... < ....

Demain je saurai...

Comparer et ranger les nombres de 0 à 5 000.

Lire aussi la fiche Ressource I D, p. 148.

Exercices

1 **Relie les points dans l'ordre croissant** des nombres et tu trouveras « mille » en chinois. Colorie l'intérieur en noir.

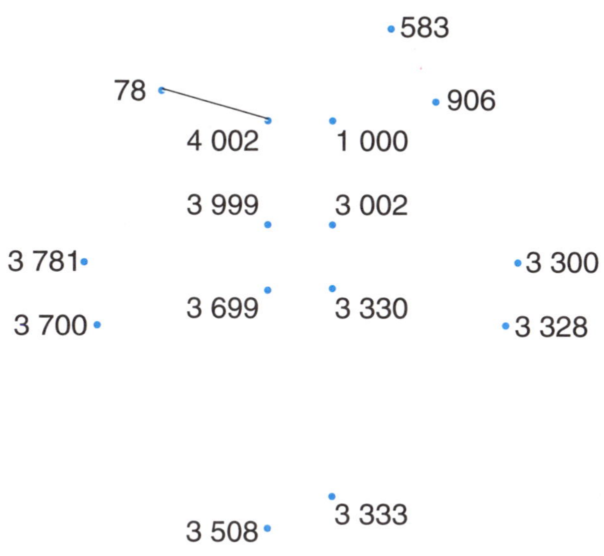

2 **Range ces nombres dans l'ordre décroissant.**

3 836 | 1 564 | 4 000 | 806 | 3 834 | 3 819

....

....

3 **Colorie en jaune les écritures des nombres inférieurs à 3 500.**

3 400 + 50 + 8

3 600 + 100 + 4

3 000 + 400 + 30 + 2

3 000 + 500 + 50

3 000 + 500 + 10 + 7

(3 × 1 000) + (4 × 100) + (2 × 10) + 6

(3 × 1 000) + (2 × 100) + 9

(3 × 1 000) + (5 × 100) + (6 × 10)

4 **Complète ces encadrements** avec les nombres les plus proches possible des nombres donnés.

.... < 3 000 < ....

.... 0 < 4 218 < 0

.... 00 < 3 265 < 00

...... 000 < 2 937 < 000

Étude

Complète chaque suite de nombres.

1 225 - 1 230 - 1 235 - 1 240 - .... - .... - .... - .... - ....

2 550 - 2 650 - 2 750 - 2 850 - .... - .... - .... - .... - ....

3 700 - 3 750 - 3 800 - 3 850 - .... - .... - .... - .... - ....

4 800 - 4 700 - 4 600 - 4 500 - .... - .... - .... - .... - ....

4 998 - 4 996 - 4 994 - 4 992 - .... - .... - .... - .... - ....

5 000 - 4 500 - 4 000 - 3 500 - .... - .... - .... - .... - ....

J'évalue mon travail

Je compte le nombre de réponses justes. / 30

- *Durée conseillée : 10 min* *J'ai mis moins de 10 min* ☐ *J'ai mis plus de 10 min* ☐
- *Aides possibles : un camarade* ☐ *le maître* ☐

Savoir préparer et choisir ses outils de travail

En mathématiques, comme en sport, pour réussir, il vaut mieux avoir **un matériel adapté** et **en bon état**.

1 Savoir choisir le matériel adapté.

- **Entoure en rouge** le matériel que tu dois apporter tous les jours à l'école.
- **Entoure en bleu** celui qui ne t'est nécessaire que certains jours.

règle	dictionnaire	survêtement	stylo	livres
crayons	compas	taille-crayon	cahier de texte	cahiers
équerre	ardoise	gomme	pinceaux	classeurs
cahier de musique	flûte	short	calculette	cahier d'essai
peinture	ciseaux	colle	chaussures de sport	feutres

2 Savoir bien s'organiser.

- **Réponds par vrai ou faux.**

Je note le travail demandé dans mon cahier de brouillon. ....

Dans ma trousse, je trouve toujours mes stylos. ....

Je fais mes devoirs dans mon cahier de texte. ....

Je prépare mon cartable en consultant mon cahier de texte. ....

Je recherche les mots difficiles dans le dictionnaire. ....

Pour une nouvelle leçon, je commence une nouvelle page. ....

Jeudi, la maîtresse m'a donné une leçon pour lundi. Je l'inscris à la page de jeudi dans mon cahier de texte. ....

Avant de commencer un travail, je lis la consigne avec attention. ....

3 Que peut-on faire avec ses outils ?

■ **Complète.**

– mesurer

– ....

– ....

– ....

– comparer des segments

– ....

– ....

– ....

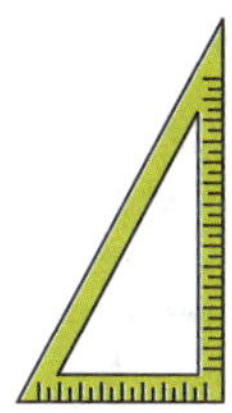

– reconnaître des angles droits

– ....

– ....

– ....

4 Pour reproduire cette figure, de quel matériel as-tu besoin ?

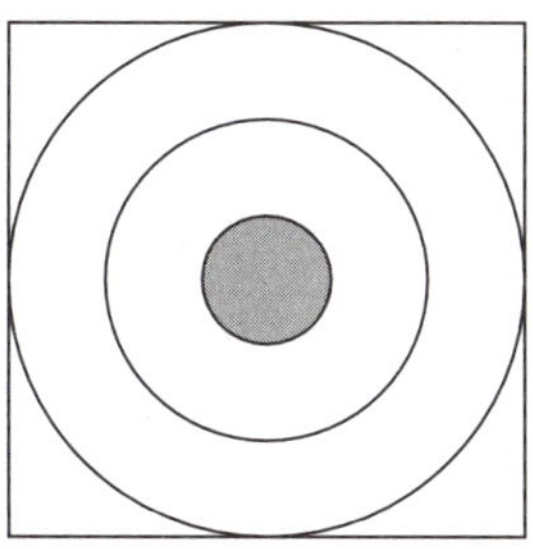

– ....

– ....

– ....

– ....

– ....

5 De quels outils s'agit-il ?

■ **Devine de quels outils il s'agit et dessine-les dans les cadres.**

– Je sers à dessiner et à écrire ;
– je laisse une trace gris-noir qui peut s'effacer ;
– je possède une mine.

Je suis ....

– Je suis souvent transparente ;
– je peux servir à tirer des traits ;
– j'ai la forme d'un triangle ;
– j'ai un angle droit.

Je suis ....

24 Les solides (2)

Calcul réfléchi, séquence 24 p. 88.

Les patrons du cube et du pavé

Découpe les patrons du cube et du pavé de la fiche cartonnée (4), **puis construis les 2 solides.**

Colorie en bleu les patrons du cube et en vert ceux du pavé.

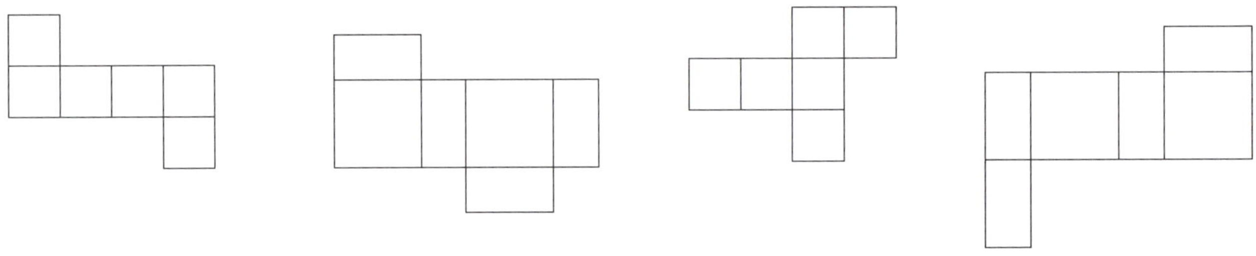

Repères

Je comprends

- Je retiens qu'une figure plane qui permet de réaliser un solide par pliage s'appelle un patron.
- Je peux construire un cube ou un pavé en utilisant leurs patrons.

▶ Je termine ce patron du cube.

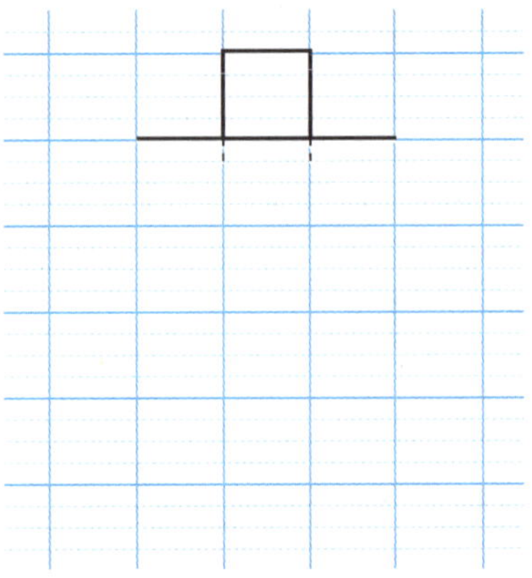

Demain je saurai...

Construire un cube et un pavé en utilisant leurs patrons. Repérer les faces des solides.

Lire aussi la fiche Ressource III E, p. 156.

Exercices

1 **Complète ce patron avec les couleurs** qui correspondent à celles des 2 vues du pavé.

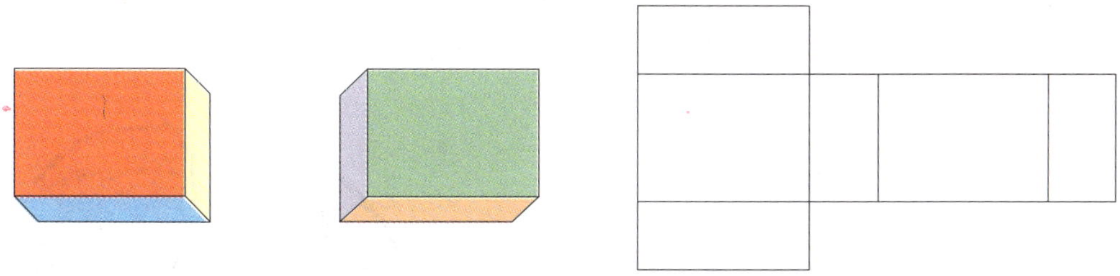

Aide-toi du pavé que tu viens de construire.

2 **Termine la reproduction inachevée du cube et du pavé.**

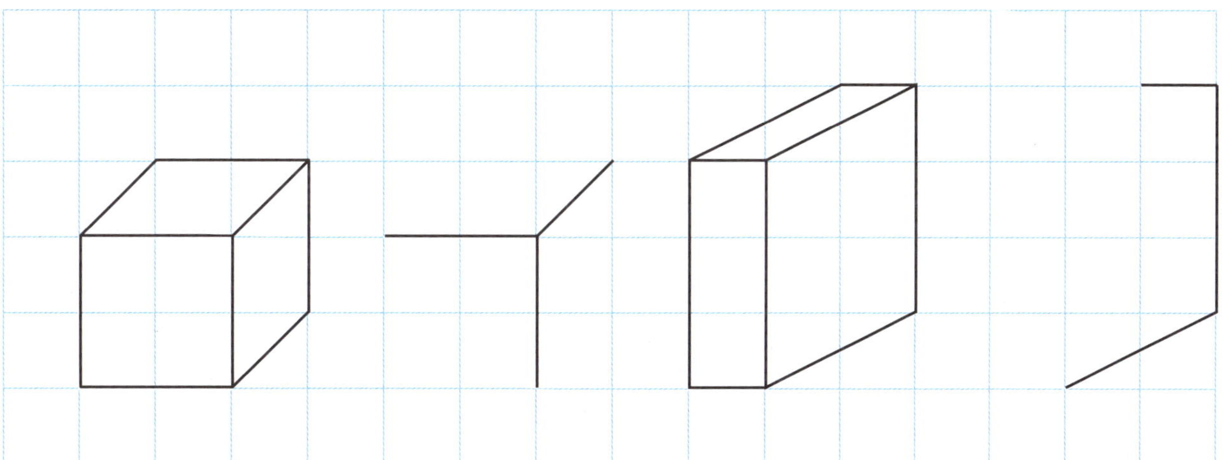

Étude

Voici le même cube représenté dans différentes positions. Colorie la face blanche.

Colorie son patron avec les bonnes couleurs.

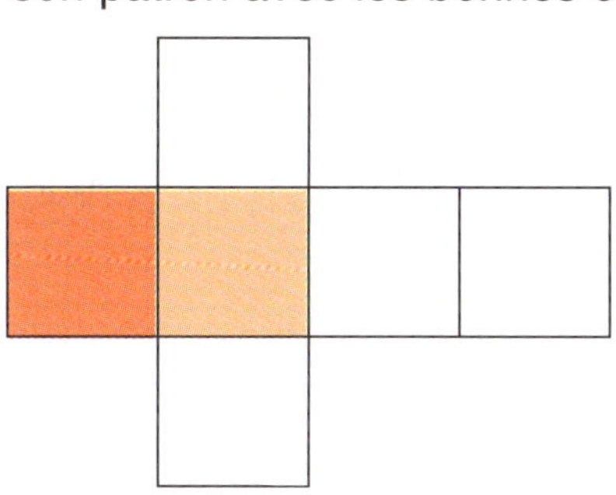

J'évalue mon travail

Je compte le nombre de réponses justes (1 point par face). ... / 5

- *Durée conseillée : 15 min* — *J'ai mis moins de 15 min* ❐ — *J'ai mis plus de 15 min* ❐
- *Aides possibles : le patron du cube* ❐ — *un camarade* ❐ — *le maître* ❐

25 Résoudre des situations multiplicatives (2)

Calcul réfléchi, séquence 25 p. 88.

Des collectionneurs

Dimitri collectionne les cartes téléphoniques. Il en a déjà 28.
Sa sœur, Sarah, en a le double.
Combien de cartes Sarah a-t-elle dans sa collection ?

- **Complète le schéma et l'opération.**

28 —(× 2)→ [ ]

28 × 2 = ...

Sarah a .... cartes dans sa collection.

Dimitri range ses cartes dans un album. Chaque feuillet de l'album comporte 5 rangées. Dimitri peut placer 20 cartes par feuillet.
Combien de cartes peut-il mettre par rangée ?

- **Complète le schéma et l'opération.**

5 —(×)→ 20

5 × .... = 20

Dimitri peut mettre .... cartes par rangée.

Repères

Je comprends

Pour bien comprendre un problème et situer ce que je cherche, je peux faire un schéma.

Je sais —(Je sais)→ Je cherche

– Dimitri a 28 cartes. Sarah en a le double.
Elle en a ....

Je sais —(Je cherche)→ Je sais

– 5 rangées de .... cartes, ça fait 20 cartes.

Demain je saurai...

Résoudre des problèmes à structure multiplicative.

1 Monsieur Gérard a gagné 45 points à la station-service.
Madame Gaspard en a gagné le triple.
Combien de points a-t-elle gagnés ?

....

....

....

2 Alain a lu 45 bandes dessinées. Paul en a lu 4 fois plus. **Combien Paul a-t-il lu de bandes dessinées ?**

....

....

....

3 Dans une boîte de CD, il y a 32 CD sur 8 rangées. **Combien y a-t-il de CD par rangée ?**

....

....

....

4 Un colis pèse 12 kg et un second 48 kg.
Combien de fois le second est-il plus lourd que le premier ?

....

....

....

5 Dans un parking, il y a 12 rangées de voitures. Quand il est complet, il contient 120 voitures. **Combien y a-t-il de voitures par rangée ?**

....

....

....

6 Un carré de 6 m de côté a 24 m de périmètre. **Par combien a-t-on multiplié le côté pour obtenir le périmètre ?**

....

....

....

Étude

Résous ces problèmes.

Un immeuble de 8 étages comprend 32 appartements. Combien y a-t-il d'appartements par étage ?

....

Un arbre mesure 3 mètres. Un second est 5 fois plus grand. Quelle est la hauteur du second arbre ?

....

J'évalue mon travail

Je compte le nombre de réponses justes. /2

- *Durée conseillée : 5 min* *J'ai mis moins de 5 min* ❐ *J'ai mis plus de 5 min* ❐
- *Aides possibles : table de Pythagore* ❐ *un camarade* ❐ *le maître* ❐

Activités complémentaires, guide pédagogique, leçon 25.

26 Les polygones

▶ Calcul réfléchi, séquence 26 p. 88.

Drôles de figures

Observe comment Tania dessine le contour des faces de ces solides.

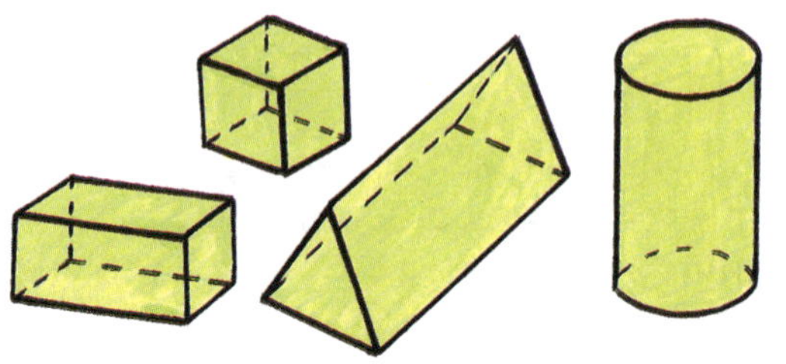

• Voici les figures planes qu'elle a obtenues.

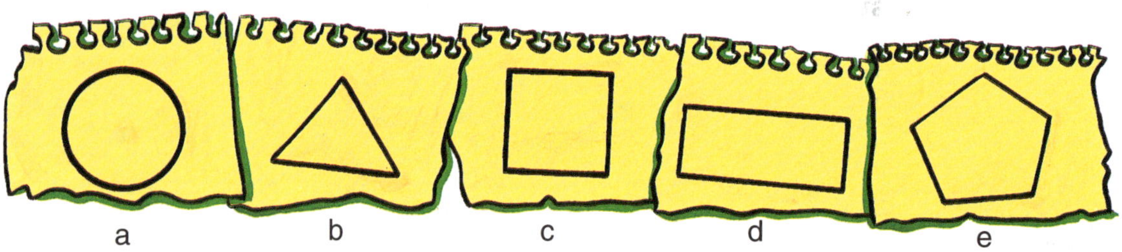

• Toutes ces figures sont des polygones, sauf une. **Laquelle ?** ....

Complète le tableau.

Polygone		c		
Nombre de côtés		4		
Nom		carré		

Repères

Je comprends

• Je retiens qu'une figure plane dont le contour est uniquement constitué de segments est un polygone.

• Pour décrire les polygones, j'indique le nombre de côtés.

– Un triangle possède 3 côtés.

– Un carré ou un rectangle possède 4 côtés.

– Un pentagone possède .... côtés.

– Un hexagone possède 6 côtés.

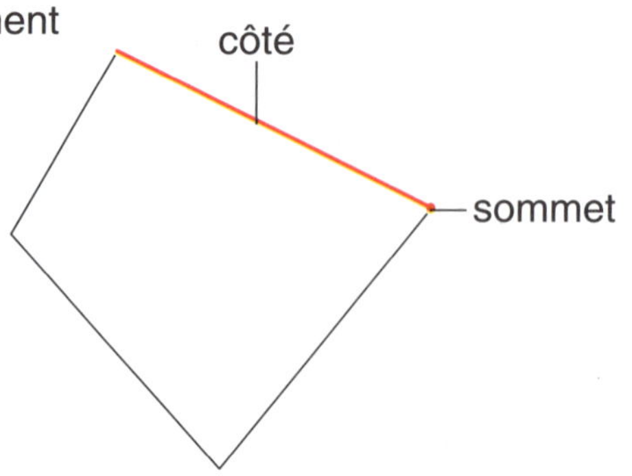

Ce polygone à 4 côtés s'appelle un quadrilatère.

Demain je saurai...

Reconnaître et tracer des polygones.

Lire aussi la fiche Ressource III E, p. 156.

Activités préparatoires, guide pédagogique, leçon 26.

Exercices

1 Cette figure est formée de plusieurs polygones. **Complète le tableau.**

Nom	Numéros
Triangle	
Quadrilatère	

Nom	Numéros
Pentagone	
Hexagone	

2 **Achève la construction de ces figures** pour obtenir le polygone demandé.

Quadrilatère ayant 3 côtés seulement de même longueur.

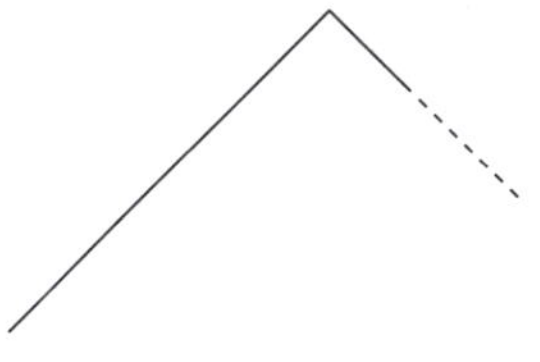

Triangle ayant ses côtés de même longueur.

Étude

Colorie d'une même couleur les polygones ayant le même nombre de côtés.

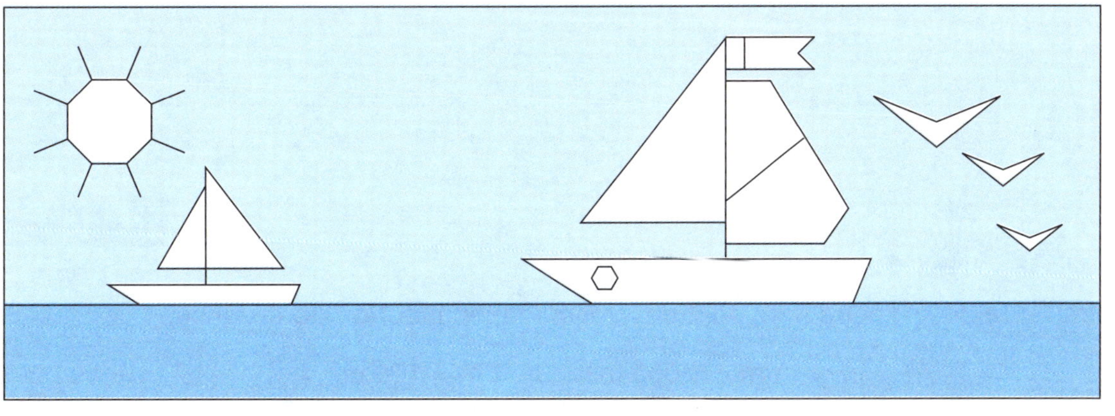

J'évalue mon travail

Je compte le nombre de réponses justes (1 point par polygone). / 14

- *Durée conseillée : 10 min* *J'ai mis moins de 10 min* ❐ *J'ai mis plus de 10 min* ❐
- *Aides possibles : un camarade* ❐ *le maître* ❐

27 Mesure de longueurs (2)

▶ Calcul réfléchi, séquence 27 p. 88.

Les chemins de l'école

Observe le plan et indique pour chaque enfant la distance qui sépare sa maison de l'école.

Florence : .... Djamila : .... Louis : .... Sébastien : ....

- **Qui habite le plus près de l'école ?** ....

- **Qui habite le plus loin de l'école ?** ....

Florence et Sébastien mangent tous les jours à la cantine. Djamila et Louis rentrent chez eux.
Indique pour chaque enfant la distance qu'il parcourt chaque lundi.

Florence : .... Djamila : .... Louis : .... Sébastien : ....

- **Que penses-tu des distances parcourues par Djamila et Sébastien ?**

....

....

Repères

Je comprends

Le mètre (m) et le kilomètre (km) sont des unités de longueur ou de distance.

1 km = 1 000 m 1 m = 100 cm

▶ Le mont Blanc mesure 4 km 807 m de hauteur, c'est-à-dire .... m.

Demain je saurai...

Utiliser le mètre et le kilomètre.

Lire aussi la fiche Ressource IV B, p. 158.

Exercices

1 Ahmed doit se déplacer de Paris à Toulouse. **Indique le nombre de kilomètres de chaque itinéraire**, celui qui est le plus court, celui qui est le plus long.

Itinéraire 1 : Paris - Bordeaux - Toulouse

....

Itinéraire 2 : Paris - Clermont-Ferrand - Toulouse

....

Itinéraire 3 : Paris - Lyon - Toulouse

....

Itinéraire le plus court : ....

Itinéraire le plus long : ....

2 **Écris le prénom des enfants qui peuvent monter sur le manège.**

....

3 **Inscris chacune des mesures dans la vignette qui lui correspond** (tu peux t'aider d'un dictionnaire) : 776 km - 4 807 m - 321 m - 42 km 195 m

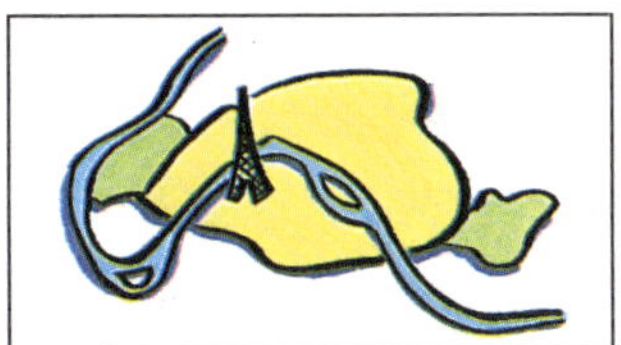			
Longueur de la Seine	Hauteur de la tour Eiffel	Hauteur du mont Blanc	Longueur d'un marathon
....	....	....	....

Étude

1. Colorie en rouge le trajet le plus court entre le parking et la maison forestière.
2. Colorie en vert le trajet le plus court entre la maison forestière et l'étang.
3. Calcule la longueur de l'itinéraire le plus long pour aller du parking à l'étang.

J'évalue mon travail

Je compte le nombre de réponses justes. / 3

- *Durée conseillée : 20 min* *J'ai mis moins de 20 min* ❐ *J'ai mis plus de 20 min* ❐
- *Aides possibles : fiche Ressource IV p. 158* ❐ *un camarade* ❐ *le maître* ❐

28 Multiplier (1)

▶ Calcul réfléchi, séquence 28 p. 88.

De belles motos

Le camion de livraison doit transporter 5 motos neuves de 135 kg chacune.

• **Calcule en kg la masse totale des motos à transporter.**

$135 \times 5 =$ ....

Je décompose :

135×5 c'est

$(100 + 30 + 5) \times 5$

Je construis un tableau :

100	30	5	
500			5

J'additionne les produits partiels :

```
    1 3 5
×       5
---------
  .......
+ .......
+ 5 0 0
---------
  .......
```

Le directeur du magasin achète 4 casques à 163 F l'un.

• **Calcule ce qu'il doit payer.**

....

....

....

....

Repères

Je comprends

• Pour faire une multiplication, je construis un tableau ou je calcule directement les produits partiels.

```
      2 4 6
×         6
-----------
        3 6   → c'est 6 × 6
+     2 4 0   → c'est 6 × 40
+   1 2 0 0   → c'est 6 × 200
-----------
    1 4 7 6
```

Je fais attention. Est-ce que je multiplie des unités, des dizaines ou des centaines ?

• Si je sais bien compter de tête, je peux multiplier sans écrire les produits partiels (je n'oublie pas les retenues).

```
    2 4 6   3̸
×       6   2
---------
  1 4 7 6
```

▶ Je calcule 358×6

Demain je saurai...

Effectuer une multiplication par un nombre à 1 chiffre.

Lire aussi la fiche Ressource I E, p. 149.

Activités préparatoires, guide pédagogique, leçon 28.

Exercices

1 **Calcule ces produits.**

154 × 7 = ...

100	50	4	
			7

408 × 6 = ...

...	..	.	
			.

2 **Effectue les multiplications.**
Écris les retenues en rouge.

$$\begin{array}{r} 128 \\ \times \quad 4 \\ \hline \ldots\ldots \end{array} \qquad \begin{array}{r} 354 \\ \times \quad 3 \\ \hline \ldots\ldots \end{array}$$

3 Un fromager place 8 reblochons de 250 g dans un carton.
Calcule la masse des 8 fromages.

....

....

....

....

4 Sur les pistes, le menu est à 125 F par personne. Nous sommes 3.
Quelle somme Papa va-t-il inscrire sur le chèque ?

....

....

....

....

5 Le laitier me fournit 9 litres de lait par jour.
Combien m'a-t-il livré de litres de lait de mars à juin ?

mars = 31 jours
avril = 30 jours
mai = ...
juin = ...

....

....

....

....

Étude

Vanessa compte les timbres de sa collection :
– 8 pages de 55 timbres sur l'Europe,
– 5 pages de 47 timbres d'Afrique,
– 4 pages de 105 timbres de France,
– 3 pochettes de 156 timbres non triés.

Combien de timbres a-t-elle ?

....

....

J'évalue mon travail

Je compte le nombre de réponses justes. /5

- *Durée conseillée : 15 min* — *J'ai mis moins de 15 min* ☐ — *J'ai mis plus de 15 min* ☐
- *Aides possibles : un camarade* ☐ — *le maître* ☐ — *une calculette* ☐

Activités complémentaires, guide pédagogique, leçon 28.

29 Résoudre des situations additives et soustractives (2)

Calcul réfléchi, séquence 29 p. 88.

Le même cadeau

Pour les fêtes de Pâques, Natacha décide d'acheter des chocolats pour son frère Théophile. En partant chez le confiseur, elle a 90 F. Après son achat, elle a 46 F. **Combien a-t-elle dépensé ? Complète le schéma et réponds à la question.**

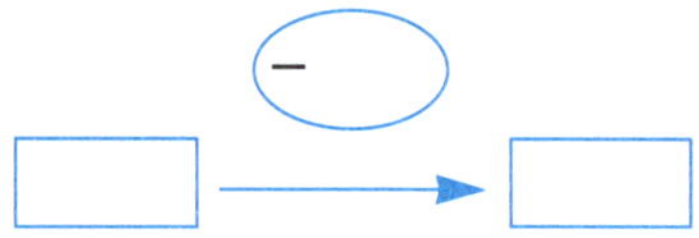

.... – .... = ...

Natacha a dépensé ....

• Théophile a eu la même idée. Après avoir acheté un œuf en chocolat à 32 F, il lui reste 51 F.
Combien Théophile possédait-il avant son achat ?
Complète le schéma et réponds à la question.

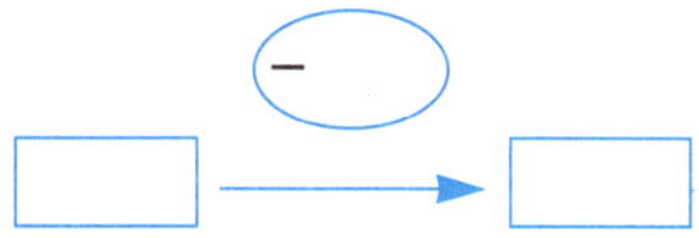

.... – .... = ...

.... + ... = ...

Théophile possédait ....

• Aurore, qui a 25 F, veut acheter le même œuf que Théophile. **Combien lui manque-t-il ?**

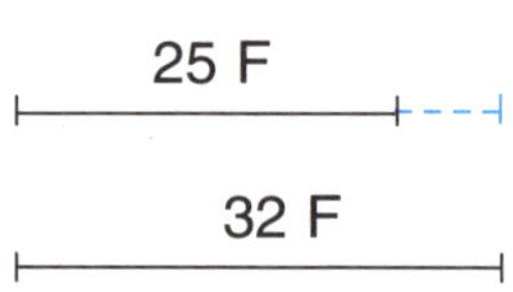

Complète.

25 + ... = 32

32 – 25 = ...

Il lui manque ....

Repères

Je comprends

Avant de choisir l'opération, il faut bien lire et comprendre toute l'histoire de l'énoncé et, si besoin, faire un schéma. **Attention aux mots pièges !**

Didier a 12 billes. Éric en a 36.
Combien Éric en a-t-il de **plus** ?

Il faut faire une soustraction.

.... – .... = ...

Fred a 17 billes. Il en a déjà **perdu** 16.
Combien en avait-il au début ?

Il faut faire une addition.

.... + ... = ...

Demain je saurai...

Choisir entre l'addition et la soustraction pour résoudre un problème.

Lire aussi la fiche Ressource II B, p. 151.

1 À la fin de la récréation, Maya n'a plus que 19 bonbons dans son paquet. Elle se rappelle en avoir mangé 6.
Combien en avait-elle au début de la récréation ?

....

....

....

2 J'ai dépensé 215 F pour l'achat de 2 CD. L'un coûte 109 F.
Quel est le prix du second ?

....

....

....

3 Pour compléter un album de 120 images, Arthur achète 24 images. Il en avait déjà 78. **Combien lui en manque-t-il pour remplir son album ?**

....

....

....

4 Monsieur Bidou se met au régime. Le premier mois, il perd 10 kg. Mais le second mois, il reprend 5 kg. À la fin du second mois, monsieur Bidou pèse 97 kg.
Combien pesait-il avant son régime ?

....

....

....

....

5 Cette année, dans ma commune, il y a 724 habitants de plus que l'année dernière. Actuellement, il y en a 6 246.
Combien y en avait-il l'année dernière ?

....

....

On prévoit une augmentation de 1 500 habitants d'ici à 2010.
Combien y aura-t-il d'habitants dans ma commune à cette date ?

....

....

....

Étude

Entoure la bonne réponse.

– Kamel a acheté un livre à 17 F. Il lui reste 3 F. Combien avait-il ?	14 F	20 F
– Ma mère me donne 15 F. Maintenant, je possède 45 F. Combien avais-je d'argent au départ ?	30 F	60 F
– Louise a une boîte de 24 crayons de couleur. Elle en achète 8 autres. Combien a-t-elle de crayons de couleur en tout ?	28	32
– Dans l'école, il y a 112 garçons et 117 filles. Combien y a-t-il de filles en plus ?	5	9
– Thomas a marqué 74 points lors d'une partie de jeu vidéo. Mamadou l'a battu de 16 points. Combien de points Mamadou a-t-il marqués ?	80	90

J'évalue mon travail

Je compte le nombre de réponses justes. /5

- *Durée conseillée : 10 min* — *J'ai mis moins de 10 min* ❒ — *J'ai mis plus de 10 min* ❒
- *Aides possibles : un camarade* ❒ — *le maître* ❒ — *une calculette* ❒

Activités complémentaires, guide pédagogique, leçon 29.

30 Soustraire (2)

▶ Calcul réfléchi, séquence 30 p. 88.

Des constructions records

Combien de mètres manque-t-il à ces constructions pour qu'elles soient aussi hautes que la tour Eiffel ?

La cathédrale de Beauvais	153 m
La tour Défense 2 000	134 m
La pyramide de Khéops	137 m
Le pont de l'Artuby	180 m

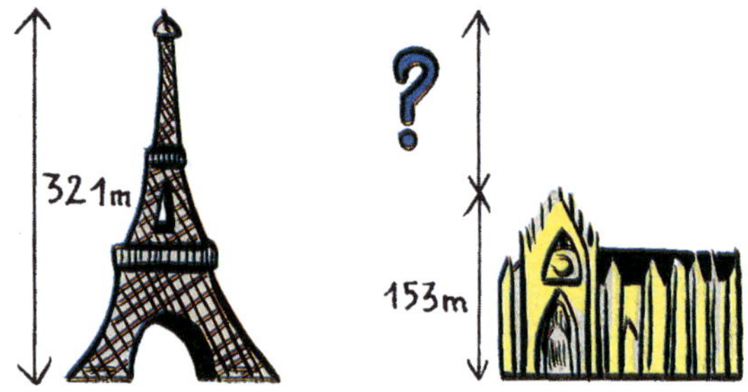

• Pour la cathédrale de Beauvais, voici 2 façons de résoudre le problème.

153 + ☐ = 321 ou 321 – 153 = ☐

```
   1 1
   1 5 3
 + 1 6 8
 -------
   3 2 1
```

```
    3 2 1
    1 1
  – 1 5 3
  -------
    1 6 8
```

• **Effectue les calculs** pour les autres constructions sur ton cahier d'essai.

Repères

Je comprends

Pour calculer un écart ou une différence, je peux faire une addition à trous ou une soustraction.

Pour aller de 5 à 14, il faut 9 et je retiens ①.
8 + 1 = 9

Pour aller de 9 à 17, il faut 8 et je retiens ①.
1 + 1 = 2

Pour aller de 2 à 3, il faut 1.

```
    3 7 4
    1 1
  – 1 8 5
  -------
    1 8 9
```

Demain je saurai...

Faire une soustraction.

Lire aussi la fiche Ressource I E, p. 149.

Activités préparatoires, guide pédagogique, leçon 30.

Exercices

1 **Effectue ces opérations.**

```
  9 8 7        7 7 5
– 4 2 6      – 2 4 8
……………      ……………
```

2 Le petit théâtre du Centre culturel contient 545 places. La caissière a vendu 468 billets.
Combien reste-t-il de places vides ?

……………………………………………………………

……………………………………………………………

……………………………………………………………

3 Un avion de transport pèse 213 tonnes au décollage. Il emporte 24 tonnes de marchandises et 12 tonnes de carburant. **Combien pèse cet avion à vide ?**

……………………………………………………………

……………………………………………………………

……………………………………………………………

4 **Calcule la durée du règne** de quelques rois de France.

Louis XIII 1610 - 1643 ……………………………………

Louis XIV 1643 - 1715 ……………………………………

Louis XV 1715 - 1774 ……………………………………

Louis XVI 1774 - 1792 ……………………………………

Complète le schéma.

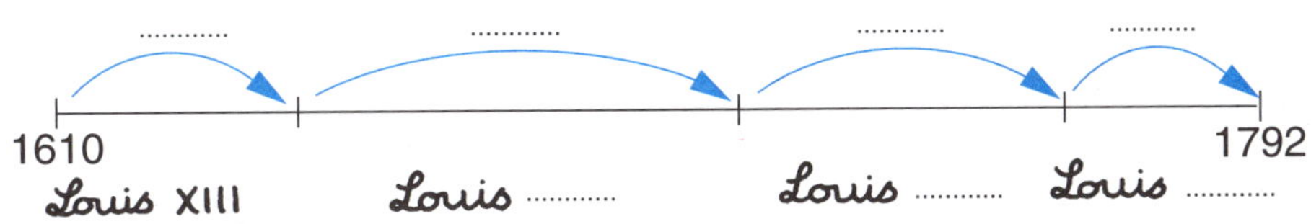

Étude

Un Lillois désire se rendre à Lyon.
Il hésite entre 2 chemins :

Lille - Reims - Lyon
Lille - Paris - Lyon

	Reims	Paris	Lyon	Lille
Reims	0	147	474	194
Paris	147	0	458	228

Quel est le chemin le plus court ?

……………………………………………………………

Quelle est la différence de kilomètres entre les 2 parcours ?

……………………………………………………………

J'évalue mon travail

Je compte le nombre de réponses justes. / 2

- *Durée conseillée : 15 min* *J'ai mis moins de 15 min* ☐ *J'ai mis plus de 15 min* ☐
- *Aides possibles : un camarade* ☐ *le maître* ☐ *une calculette* ☐

8 ÉNIGMES À RÉSOUDRE EN ÉQUIPES

MON ÉQUIPE

Règle du jeu : cf. p. 3.

Durée : 40 min

Ma classe se partage en .... équipes de .... joueurs qui vont s'affronter.

Prénoms des camarades de mon équipe et numéros des énigmes qu'ils vont résoudre :

....

....

....

1 Le code secret — 10 POINTS

Déchiffrez ce message codé et écrivez le nombre caché.

12	1		13	15	9	20	9	5		4	21		20	18	9	16	12	5		4	5		13	9	12	12	5
L	A		M																								

....

2 La spirale — 10 POINTS

Voici un morceau d'une spirale des nombres à gratter.
Djamila a déjà gratté le nombre 3 021.
Écrivez les nombres qu'elle doit trouver dans les ronds blancs.

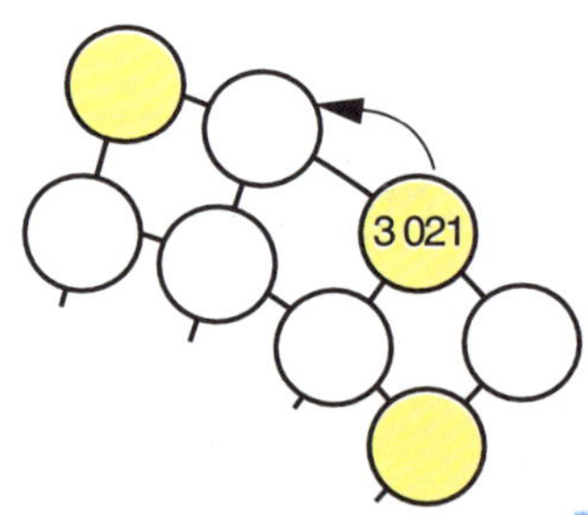

3 Le mur en briques — 15 POINTS

Combien a-t-il fallu de briques pour construire ce mur ?

....

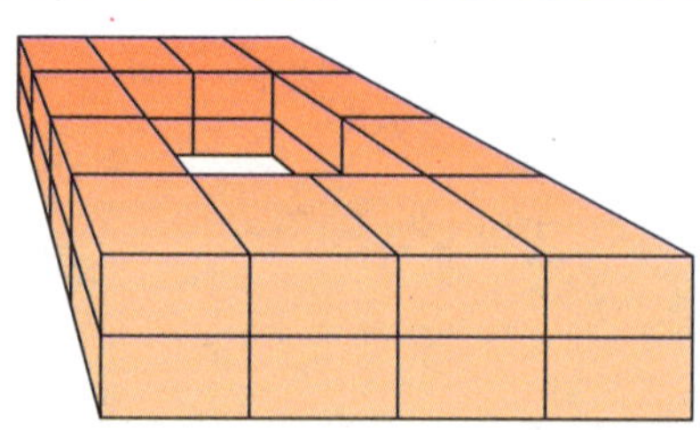

4 La face opposée du cube — 15 POINTS

Pour chaque patron de cube, **coloriez la face opposée** à celle en couleur.

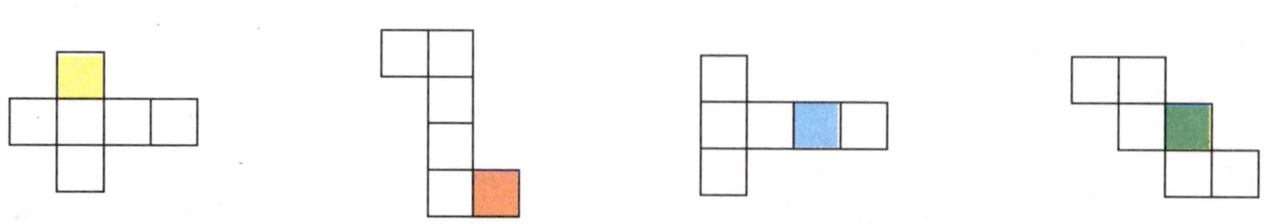

....

5 Qui a raison ?

20 POINTS

Stanislas veut offrir un cadeau à Marguerite : des perles de couleur lui feraient plaisir. Marguerite dessine un quadrillage de 9 cases, puis demande 3 perles à Stanislas. Elle place 1 perle dans la première case, puis 2 dans la deuxième, et dit à Stanislas :
« Continue en mettant dans chaque case le double de perles de la case précédente et tu connaîtras le nombre de perles à m'offrir.
– Avec 400 perles, je remplis les 9 cases ! répond Stanislas.
– Ce n'est pas assez » dit Marguerite.

Trouvez lequel des 2 a raison.

C'est .... qui a raison.

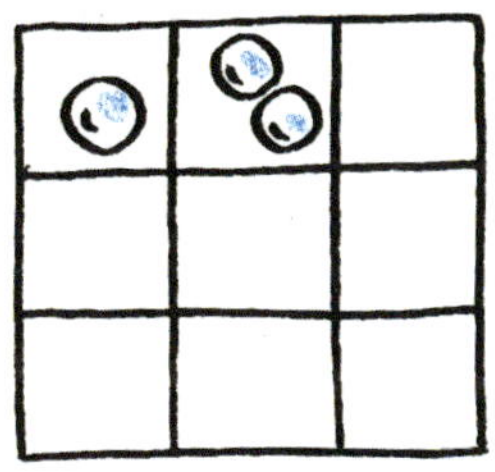

6 Une histoire à reconstituer

20 POINTS

Au début de l'histoire, Olivier a 1 billet de 50 F et 1 billet de 100 F.
À la fin, il possède 2 billets de 100 F.
Retrouvez les 4 étapes par lesquelles Olivier est passé et **numérotez-les dans l'ordre.**

Départ : 100 F, 50 F

- Olivier achète un livre qui coûte 35 F. Il paye avec son billet de 50 F. ☐
- La poche d'Olivier est percée. Il perd toutes ses pièces. ☐
- Olivier s'offre un CD qui coûte 100 F. ☐
- Olivier trouve une pièce de 10 F. Il la met dans sa poche. ☐
- Olivier compte l'argent dont il dispose. Un grand coup de vent fait envoler son billet de 100 F. Il ne le retrouve pas. ☐
- Olivier rencontre sa grand-mère qui lui donne un billet de 100 F. ☐

Arrivée : 100 F, 100 F

7 La soustraction mystérieuse

30 POINTS

Retrouvez le chiffre qui correspond à chaque signe.
Il y a 2 solutions possibles sans retenue.

```
  ♣ ♥ ♥
– ♦ ♣ ♦
-------
  4 4 8
```

♣ = ... ♣ = ...
♦ = ... ♦ = ...
♥ = ... ♥ = ...

8 La multiplication mystérieuse

30 POINTS

Retrouvez la valeur de chaque signe.
Attention aux retenues !

```
    ♣ ♥
  ♣ ♦ 3
×     ♦
-------
♥ ♣ 6 ♦
```

♣ = ...
♦ = ...
♥ = ...

CALCUL DU SCORE DE MON ÉQUIPE

Énigmes	1	2	3	4	5	6	7	8	TOTAL
Points									

Évaluation 3

1 *Je sais **reconnaître** les faces des solides.*

Observe les représentations des solides. **Colorie chacun d'eux d'une couleur différente.** Puis **colorie la face** dessinée dans le tableau **de la couleur du solide qui lui correspond**.

Colorie le nombre de réponses justes.

2 *Je sais **écrire** les nombres jusqu'à 5 000.*

Place les résultats au bon endroit dans la grille.

(3 × 1 000) + (6 × 100) + (6 × 10) + 4

.... = ...

(2 × 1 000) + (3 × 100) + 6

.... = ...

(4 × 1 000) + (6 × 100) + 2

.... = ...

(3 × 1 000) + (1 × 100) + (4 × 10) + 5

.... = ...

(4 × 1 000) + (3 × 100) + (5 × 10)

.... = ...

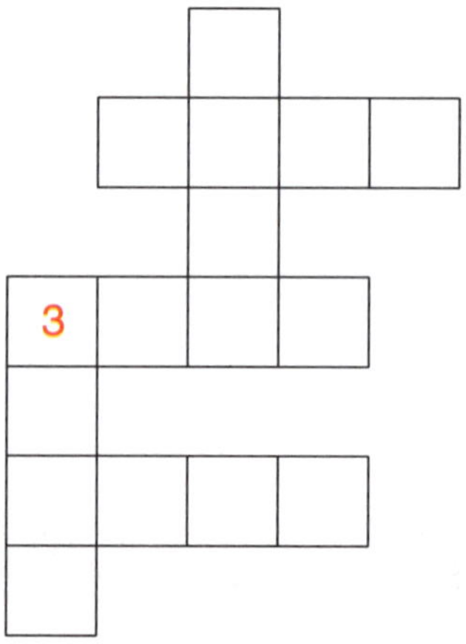

Colorie le nombre de réponses justes.

3 Je sais **calculer** des distances.

Combien de kilomètres ont-ils parcourus ?

a. Franck descend la noire, puis la rouge. ....

b. Marie descend la bleue et la verte. ....

c. Agnès descend 2 fois la bleue. ....

d. Rémi descend la rouge et la verte. ....

e. Gabriel parcourt 2 fois la piste de fond. ....

Colorie le nombre de réponses justes. ☐☐☐☐☐

4 Je sais **calculer** avec la soustraction.

684	451	612	404	843
− 432	− 322	− 225	− 213	− 606
....	....	....	....	....

Colorie le nombre de réponses justes. ☐☐☐☐☐

5 Je sais **résoudre** des problèmes multiplicatifs.

Calcule le nombre de comprimés. ....

Calcule le nombre de gélules. ....

Calcule le nombre de granulés. ....

Calcule le nombre de compresses. ....

Calcule le nombre de mètres de bandes. ....

Colorie le nombre de réponses justes. ☐☐☐☐☐

Je fais mon bilan

Pour chaque exercice, colorie la case qui correspond à ton résultat.

		☹	🙁	😐	🙂	😀
Exercice **1**	Je reconnais les faces d'un solide.					
Exercice **2**	J'écris les nombres jusqu'à 5 000.					
Exercice **3**	Je calcule des distances.					
Exercice **4**	Je calcule avec la soustraction.					
Exercice **5**	Je résous des problèmes multiplicatifs.					

▶ **Reporte tes résultats** à la fin de ton fichier.

Calcul réfléchi 3

21 **Calculer** un écart.

Quel est l'écart entre 450 et 515 ?

entre 610 et 705
entre 395 et 415
entre 780 et 825
entre 830 et 940

450 + [50] = 500 ; 500 + [15] = 515
50 + 15 = [65] ; ....

22 **Calculer** un écart.

Quel est l'écart entre 260 et 210 ?

entre 475 et 450
entre 415 et 330
entre 545 et 490
entre 630 et 500

50 ; ....

23 **Ajouter** des centaines.

deux mille deux cents plus quatre cents

3 600 + 300
2 150 + 500
4 630 + 300
4 020 + 400

2 200 + 400 = 2 600 ; ....

24 **Calculer** le triple de...

douze

vingt et un

trente-trois

vingt-deux

$12 \times 3 = 12 + 12 + 12 = 36$; ....

25 **Multiplier** par 2 ou 3.

13×3	15×2	23×2
25×3	37×2	

$13 \times 3 = (10 \times 3) + (3 \times 3) = 30 + 9 = 39$; ....

26 **Soustraire** des dizaines.

130 – 20	260 – 40	
180 – 50	370 – 30	480 – 60

130 – 20 = 110 ; ....

27 **Soustraire** des centaines.

380 – 100	450 – 100	
810 – 300	740 – 200	560 – 400

380 – 100 = 280 ; ....

28 **Calculer** avec la soustraction à trous.

Quel nombre faut-il enlever à 130 pour obtenir 110 ?

180 – [ ] = 130
230 – [ ] = 110
470 – [ ] = 440
280 – [ ] = 210

130 – [20] = 110 ; ....

29 **Multiplier** par 20.

six multiplié par vingt

douze multiplié par vingt

vingt multiplié par vingt

quarante-deux multiplié par vingt

$6 \times 20 = 6 \times 2 \times 10 = 120$; ....

30 **Trouver** l'ordre de grandeur.

380×6	2 400	24	240
125×4	30	3 000	300
$2\,100 \times 3$	5 000	500	50
75×3	600	6 000	60

380 est proche de 400
$400 \times 6 = 2\,400$; ....

* Gamme complète d'activités, guide pédagogique, calcul réfléchi.

Période 4

Multiplier au Moyen Âge

Inventée en Inde et transmise par les Arabes et les Italiens au XIIIe siècle, cette technique de multiplication appelée « la jalousie » fut utilisée en Europe au Moyen Âge.

■ Additionne ↙ entre les diagonales les chiffres des produits partiels.

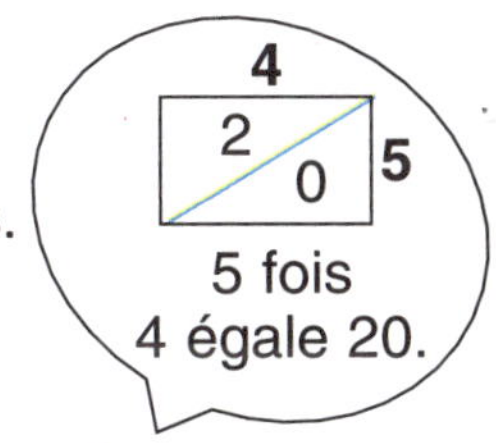

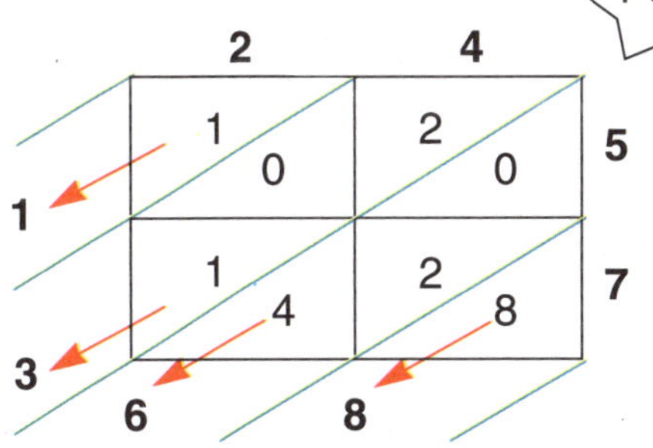

$24 \times 57 = 1\ 368$

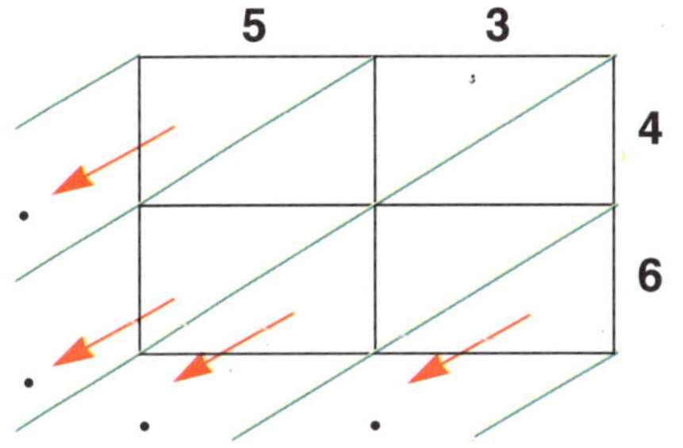

$53 \times 46 =$ ....

■ Pour colorier le dessin, place le résultat du produit 53×46 dans le tableau. Tu découvriras la couleur qui correspond à chaque chiffre.

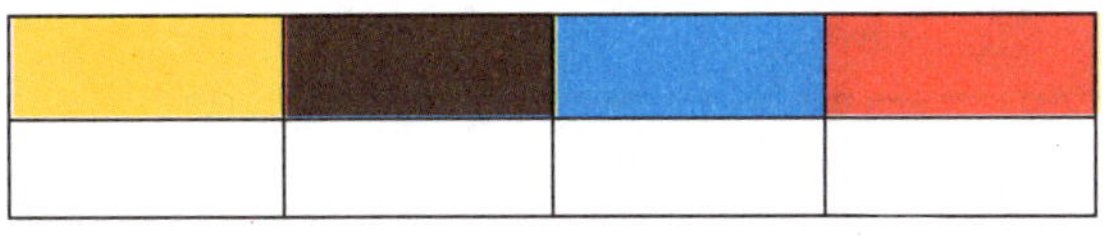

31 Les quadrilatères

Calcul réfléchi, séquence 31 p. 116.

À chacun son nom

Pour chaque polygone, cherche ses caractéristiques.
– S'il a des angles droits, marque-les alors en rouge. Aide-toi de ton équerre.
– S'il a des côtés parallèles 2 à 2, repasse-les alors d'une même couleur.
– S'il a des côtés de même longueur, indique-le par 1 ou 2 petits traits : ⁄ ⁄⁄. Aide-toi de ton compas.

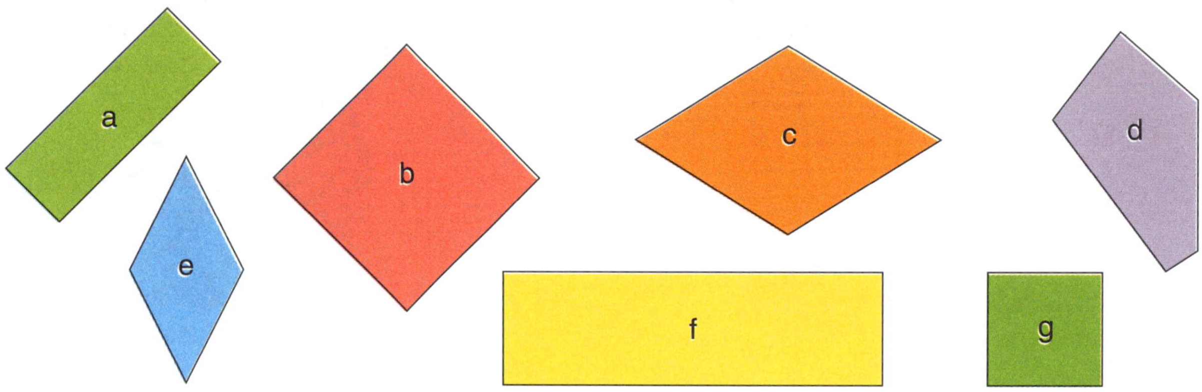

• **Complète le tableau.**

	Nombre d'angles droits	Nombre de côtés	Nombre de côtés de même longueur	Nombre de paires de parallèles	Est-ce un quadrilatère ? (oui / non)	Nom du polygone
a	4	4	2 et 2	2	oui	rectangle
b						
c						
d						
e						
f						
g						

Repères

Je comprends

Je retiens qu'un quadrilatère est un polygone qui a 4 côtés.
Le carré, le rectangle et le losange sont des ....

▶ Je dessine un losange sur mon cahier d'essai.

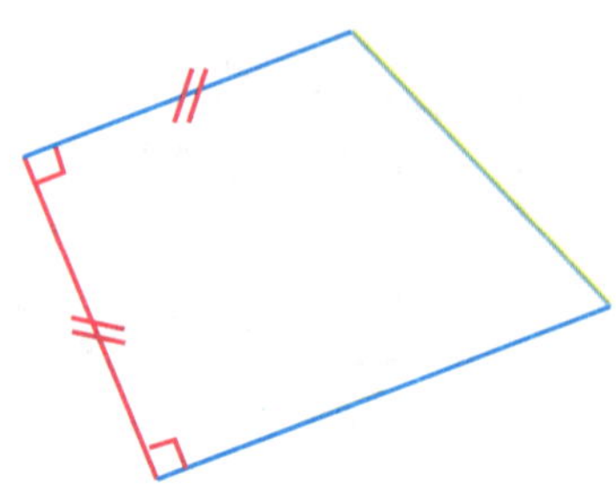

Demain je saurai...

Reconnaître et tracer des quadrilatères (carré, rectangle, losange).

Lire aussi la fiche Ressource III E, p. 156.

Exercices

1 **Reproduis ces 3 losanges.** Colorie-les à ton idée.

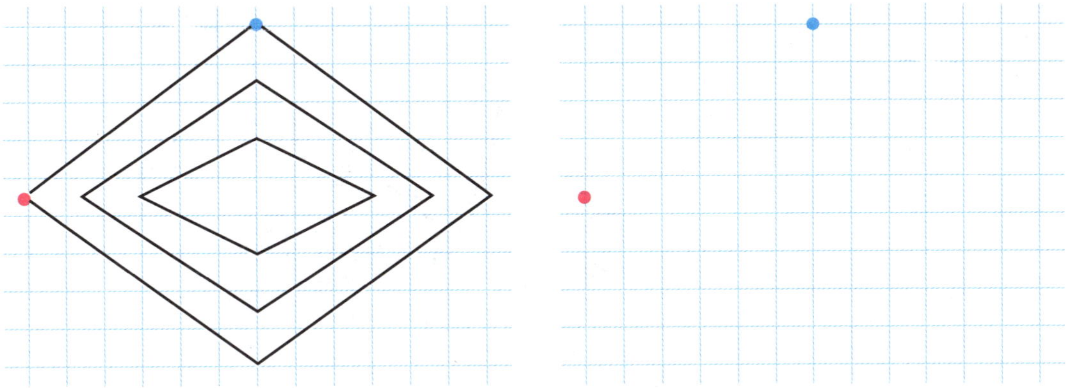

2 **Pars à chaque fois des points indiqués pour tracer les quadrilatères.**

- un carré
- un rectangle
- un losange

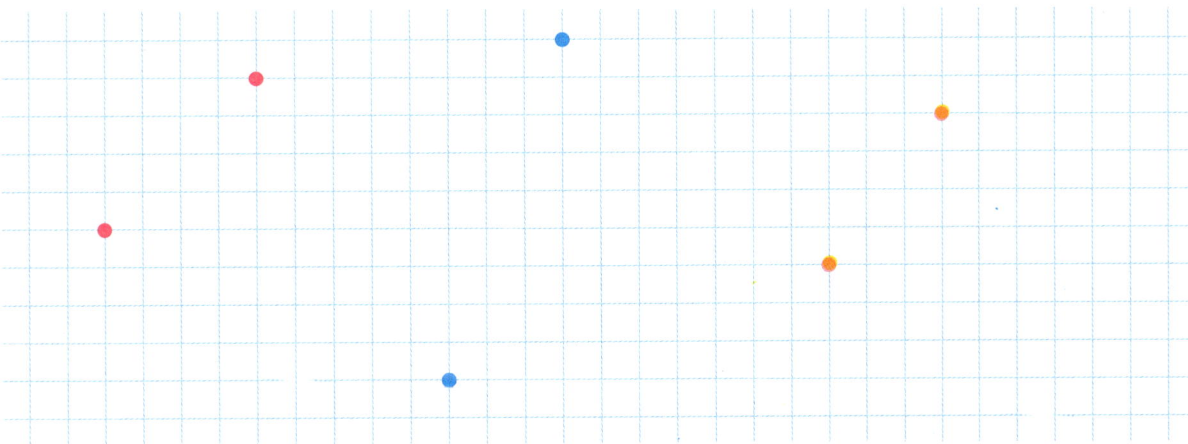

Étude

(1) Trace le carré dont on a dessiné un côté.

(2) Continue la figure pour obtenir un rectangle avec deux côtés de 5 cm.

(1)

un carré

(2)

un rectangle

J'évalue mon travail

Je compte le nombre de réponses justes (1 point par quadrilatère). /2

- *Durée conseillée : 15 min* *J'ai mis moins de 15 min* ❒ *J'ai mis plus de 15 min* ❒
- *Aides possibles : un camarade* ❒ *le maître* ❒

32 Ajouter, retrancher le même nombre

Calcul réfléchi, séquence 32 p. 116.

Au magasin de sport

Monsieur Hazin et monsieur Moreau vendent des VTT Z-Sport.

- **Compare et calcule leurs tarifs.**

Monsieur Hazin augmente ses prix de 150 F.

+ ....

Magasin Hazin	Anciens prix	Nouveaux prix
Z-Sport 400	2 260	
Z-Sport 500	2 740	
Z-Sport 600	3 430	

Monsieur Moreau baisse ses prix de 90 F.

– ....

Magasin Moreau	Anciens prix	Nouveaux prix
Z-Sport 400	2 510	
Z-Sport 500	2 870	
Z-Sport 600	3 680	

- Raphaël désire un Z-Sport 500. **Quel magasin propose le meilleur prix ?**

....

Repères

Je comprends

On peut résoudre certains problèmes en construisant des tableaux de nombres.

Je donne 25 F à chaque enfant.

– Je calcule combien ils ont maintenant.

– Je peux aussi retrouver combien ils avaient avant.

+ ....

	Avant ils avaient...	Maintenant ils ont...
Solène	145 F	170 F
Jules	256 F	281 F
Victor	163 F	
Marie	975 F	

– 25

Demain je saurai...

Utiliser un tableau pour résoudre certains problèmes.

Activités préparatoires, guide pédagogique, leçon 32.

1 **Complète le tableau.**

+ .... + ... + ... − .... − .... − ....

33	14	38			246			715	
41	22		135		254		418		832
	34	58		159		380		735	

2 Aujourd'hui Léo a 2 ans, Benoît 4 ans, Romane 6 ans et Valentin 7 ans.
Calcule l'âge de ces enfants…

… lorsque Léo aura 8 ans :

....

	aujourd'hui	
Léo	2	8

… lorsque Romane avait 4 ans :

....

	aujourd'hui	
Romane	6	4

3 En entrant au cinéma, Kévin, Sophie et Gustave ont respectivement 84 F, 90 F et 95 F. Ils payent leur place 45 F et ils s'achètent chacun un esquimau à 17 F. **Quelle somme reste-t-il à chacun en sortant du cinéma ?** Présente ta réponse sous forme de tableau.

Étude

Un disquaire décide de diminuer le prix de tous ses disques compacts de 25 F.
Utilise un tableau pour calculer les nouveaux prix.

J'évalue mon travail

Je compte le nombre de réponses justes. /6

- *Durée conseillée : 15 min* *J'ai mis moins de 15 min* ❐ *J'ai mis plus de 15 min* ❐
- *Aides possibles : un camarade* ❐ *le maître* ❐

Activités complémentaires, guide pédagogique, leçon 32.

33 Multiplier (2)

▶ Calcul réfléchi, séquence 33 p. 116.

Une course automobile

Sur le circuit du Mans, l'Alpine Renault a roulé 24 heures à une moyenne de 146 km/h (146 km en 1 heure).

- **Calcule combien de kilomètres elle a parcourus pendant 24 heures.**

146 × 24 c'est

(100 + 40 + 6) × (20 + 4)

100	..	6	
			4
2 000	800	120	20

```
    1 4 6
 ×    2 4
 --------
 ........
 + 2 9 2 0
 --------
 ........
```

Monsieur Dubois a réservé 8 places à 155 F la place pour assister à la course.
- **Calcule la somme qu'il a dû payer.**

...	..	.	
			.

```
   ........
 × ........
 ----------
   ........
   ........
 ----------
   ........
```

Repères

Je comprends

Pour calculer un produit comme 156 × 32 :

1. Je décompose les nombres.

100 + 50 + 6   30 + 2

2. Je construis un tableau.

100	..	6	
200	100	12	2
3 000			30

ou

156	
312	2
	30

3. J'additionne les produits partiels.

```
    1 5 6
 ×    3 2
 --------
    3 1 2
 + .......
 --------
   .......
```

▶ Je calcule 127 × 25.

Demain je saurai...

Construire un tableau pour faire une multiplication et calculer les produits partiels.

Lire aussi la fiche Ressource I E, p. 149.

Exercices

1 **Effectue les opérations.**

```
   1 4 7          2 5 4
 ×   2 3        ×   3 5
 ―――――――        ―――――――
 ………………        ………………
 ………………        ………………
 ―――――――        ―――――――
 ………………        ………………
```

2 **Calcule de tête.**

$215 \times 10 =$ …………… $20 \times 30 =$ ……………

$400 \times 20 =$ …………… $50 \times 10 =$ ……………

$500 \times 50 =$ …………… $40 \times 40 =$ ……………

$100 \times 70 =$ …………… $60 \times 30 =$ ……………

$300 \times 60 =$ …………… $70 \times 20 =$ ……………

3 La libraire commande 35 livres à 125 F pièce.
Calcule le montant total de la facture en complétant le tableau et l'opération.

•••	••	•	
			•
			••

```
   ……………
 × ……………
 ―――――――
   ……………
   ……………
 ―――――――
   ……………
```

4 Le chalutier rentre au port avec 140 caisses de 25 kg de morue.
Calcule la masse de morue pêchée.

140	
	•
	••

```
   ……………
 × ……………
 ―――――――
   ……………
   ……………
 ―――――――
   ……………
```

5 3 éléphants mangent 124 kg de paille par jour. **Combien en consomment-ils en 16 jours ?**
Complète les calculs de chaque élève.

Karim

$124 \times 10 =$ …………

$124 \times$ ………… $=$ …………

$124 \times 1 =$ …………

………… + ………… + ………… = …………

Pierre

100	••	•	
			•
			••

………… + ………… = …………

Yasmine

```
   1 2 4        9 9 2
 ×     8      × ………
 ―――――――      ―――――――
 ………………      ………………
```

Étude

Place ces 3 dominos correctement.

[64 × 11 | 25 × 8] [108 × 6 | 26 × 16] [24 × 17 | 56 × 9]

[400 | 648] [|] [416 | 408] [|] [504 | 704] [|]

J'évalue mon travail

Je compte le nombre de réponses justes. / 6

- *Durée conseillée : 20 min*   *J'ai mis moins de 20 min* ❒   *J'ai mis plus de 20 min* ❒
- *Aides possibles : un camarade* ❒   *le maître* ❒   *une calculette* ❒

Comment présenter son travail avec rigueur et clarté

Savoir expliquer sa démarche par un croquis, un schéma.

■ *Exemple :*
J'ai 24 billes. J'en perds 9.
Combien m'en reste-t-il ?

(− 9)

[24] ⟶ [?]

■ **Dessine un croquis** correspondant à cet énoncé :
Gérard avait 17 images. À la récréation, il en a gagné 5. **Combien en a-t-il maintenant ?**

Savoir écrire ses calculs en ligne ou en colonne avec clarté.

■ 217 + 324 = ...

```
    2 1 7
  + 3 2 4
  -------
  .......
```

■ 124 × 4 = ...

```
    1 2 4
  ×     4
  -------
  .......
```

■ 132 − 15 = ...

```
    1 3 2
  −   1 5
  -------
  .......
```

Attention aux retenues et à leur place !

Savoir utiliser l'énoncé pour rédiger ses réponses.

Énoncé : Amélie aura 8 ans le 7 avril 2000.
Question : **Quelle est sa date de naissance ?**

Réponse : La date de naissance d'Amélie est ....

■ Avant de rédiger ta réponse, **souligne les mots utiles** en rouge.

Énoncé : Maman achète 5 gâteaux à 8 F pièce.
Question : **Combien a-t-elle dépensé ?**

Réponse : ....

Énoncé : Jérôme avait 50 billets de tombola. Il en a vendu 38.
Question : **Combien lui en reste-t-il à vendre ?**

Réponse : ....

4 Savoir vérifier l'unité.

■ *Exemples :*
Je mesure 1 m 35 ou 135 cm
et non pas 135 m !

Mon chat pèse 3 kg
et non pas 3 m !

■ **Relie comme il convient.**

La largeur de mon jardin	•	• 7 cm
Une promenade à pied	•	• 7 m
L'épaisseur d'un dictionnaire	•	• 7 km
La masse d'un chien	•	• 7 g
La masse d'un morceau de sucre	•	• 7 kg

5 Savoir présenter son travail avec soin et vérifier ses calculs.

■ Dans ce car, il y a 24 banquettes de 2 places. **Combien y a-t-il de places assises dans le car ?**
12 sièges sont libres. **Combien de personnes sont assises dans le car ?**

24 × 2
= 46
46 place
− 12 = 34 personne

24
× 2
46

46
− 12
34

■ **Pour corriger ce brouillon, rédige la bonne solution en écrivant avec application.** Tire les traits à la règle. Vérifie les calculs.

6 Rédige la solution de ce problème en tenant compte des conseils donnés précédemment.

■ La piste du stade mesure 450 m. Pour le challenge interécoles, les élèves de CE2 parcourent 2 tours de piste plus une boucle de 575 m. **Quelle distance ont-ils parcourue ?**

34 Résoudre des situations multiplicatives (3)

▶ Calcul réfléchi, séquence 34 p. 116.

La fortune de Marc

● **Calcule le montant de ses économies.**

(……… × ………) + (……… × ………) = ………

Et si tu ne faisais qu'une seule multiplication ?

…………………………………………………………………………………………

● **Complète cette égalité.**

(……… × ………) + (……… × ………) = (……… + ………) × ……… = ………

Repères

● Je comprends

Pour multiplier une somme [10 + 5] par un nombre [7],

– soit je multiplie chaque terme de la somme par ce nombre, puis j'additionne les résultats :

(10 + 5) × 7 = (……… × ………) + (……… × ………) = ……… + ……… = ………

– soit j'effectue la somme, puis je calcule le produit de cette somme par le nombre :

(10 + 5) × 7 = ……… × ……… = ………

J'utilise les 2 méthodes pour vérifier mes résultats.

● Demain je saurai…

Multiplier une somme par un nombre de 2 façons.

Exercices

1 Dans une salle de spectacle, il y a 25 rangées de spectateurs. À droite de l'allée centrale, chaque rang comprend 12 sièges, à gauche, 15 sièges.
Combien de spectateurs peut contenir cette salle ?

Écris tes calculs ici.	Vérifie en utilisant d'autres techniques de calcul.
....	....
....	....
....	....
....	....
....	....

2 Des bouteilles de jus de fruits sont livrées par cartons de 18. Le gérant d'un café a reçu 15 cartons de jus d'orange, 12 cartons de jus de pamplemousse et 2 cartons de jus d'ananas.
Combien de bouteilles de jus de fruits le gérant devra-t-il ranger ?

Écris tes calculs ici.	Vérifie en utilisant d'autres techniques de calcul.
....	....
....	....
....	....
....	....
....	....

Étude

Résous ce problème de 2 façons.
Le père, la mère et leurs trois enfants ont passé 5 jours dans un camping au bord de la mer. La journée coûte 92 F par adulte et 68 F par enfant. Quelle somme d'argent les parents ont-ils versée au camping à la fin de leur séjour ?

....	....
....	....
....	....
....	....
....	....

J'évalue mon travail

Je compte le nombre de réponses justes
(10 points par façon de résoudre le problème). / 20

- *Durée conseillée : 20 min* — *J'ai mis moins de 20 min* ☐ — *J'ai mis plus de 20 min* ☐
- *Aides possibles : un camarade* ☐ — *le maître* ☐

Activités complémentaires, guide pédagogique, leçon 34.

35 Les nombres de 0 à 10 000 (1)

▶ Calcul réfléchi, séquence 35 p. 116.

La corde à compter : le quipu

Les Indiens d'Amérique du Sud utilisaient des cordes à nœuds pour compter.

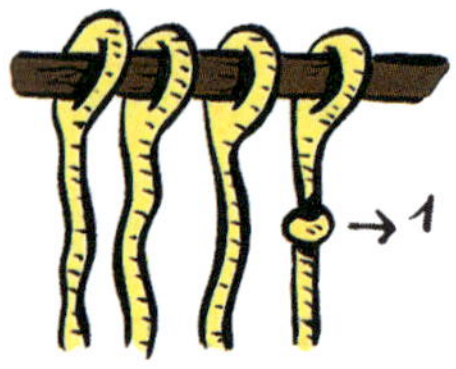		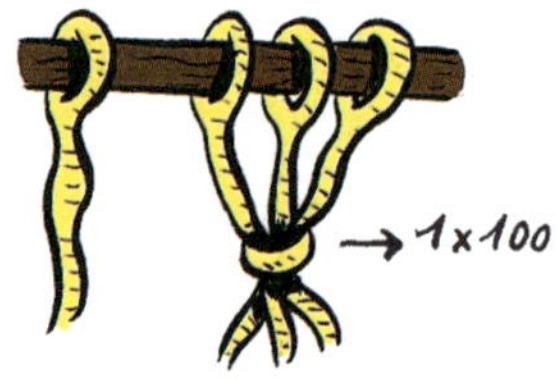	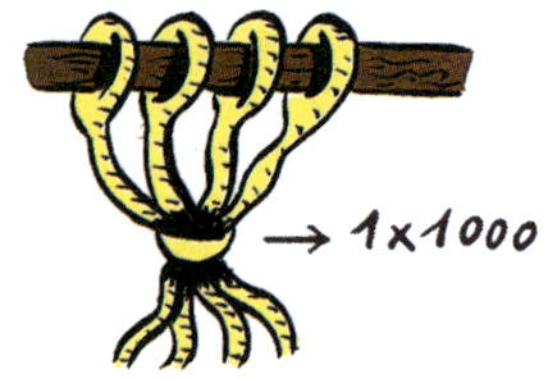
1 nœud sur 1 corde = 1	1 nœud sur 2 cordes = 10	1 nœud sur 3 cordes = 100	1 nœud sur 4 cordes = 1 000

- **Décode ces nombres représentés sur un quipu à 4 cordes.**

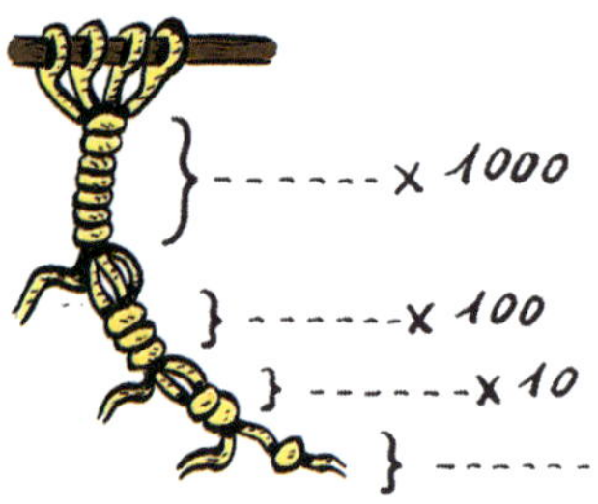

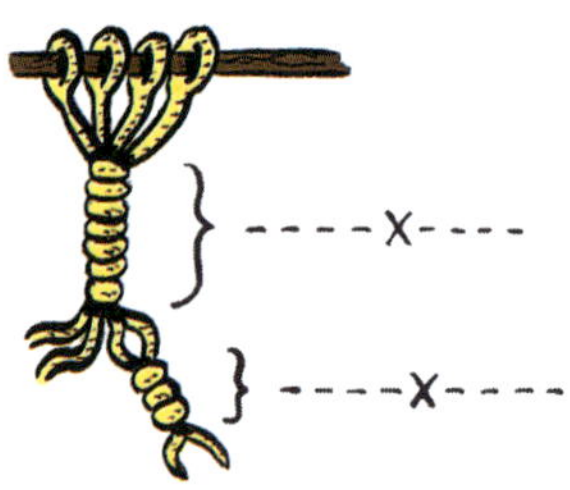

....

- **Quel est ce nombre représenté sur un quipu à 5 cordes ?**

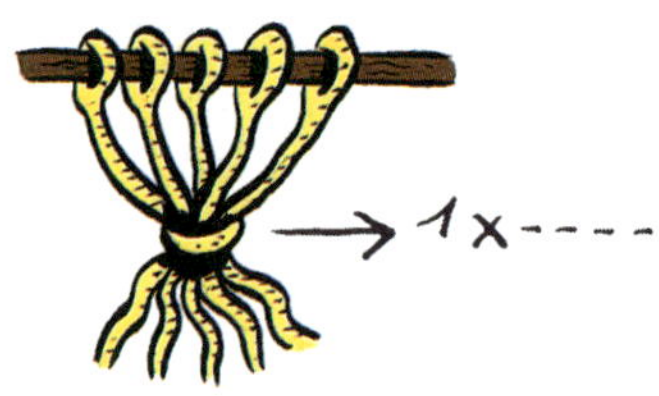

1 nœud sur 5 cordes = ...

Repères

Je comprends

Je fais bien attention à la position du chiffre dans le nombre.

$8 \times 1\,000$: huit milliers
8×100 : huit centaines
8×10 : huit dizaines
8 : huit unités

8	8	8	8

(huit mille huit cent quatre-vingt-huit)

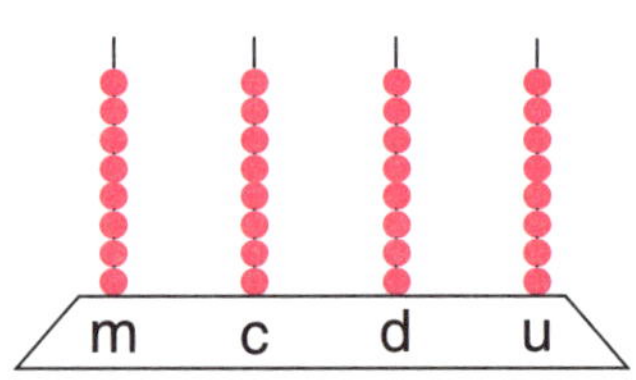

$(8 \times 1\,000) + (8 \times 100) + (8 \times 10) + 8$

▶ J'écris en chiffres neuf mille quatre-vingt-huit et neuf mille neuf cent neuf.
Je fais vérifier par un camarade.

Demain je saurai...

Repérer la position des chiffres dans un nombre.

Lire aussi la fiche Ressource I c, p. 147.

Activités préparatoires, guide pédagogique, leçon 35.

Exercices

1 Relie chaque nombre à l'écriture en chiffres qui lui correspond.

huit mille soixante-douze •	• 8 207
huit mille sept cent vingt •	• 8 702
huit mille deux cent sept •	• 8 072
huit mille deux •	• 8 720
huit mille sept cent deux •	• 8 002

2 Écris en chiffres et en lettres les nombres représentés.

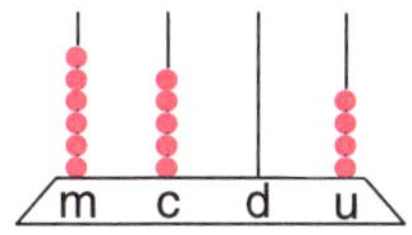

....

....

....

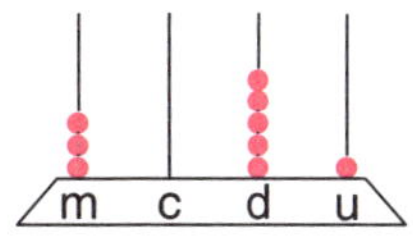

....

....

....

3 Colorie en respectant le code des couleurs.

7 209 ■ 7 290 ■ 7 902 ■

7 920 ■ 7 092 ■ 7 090 ■

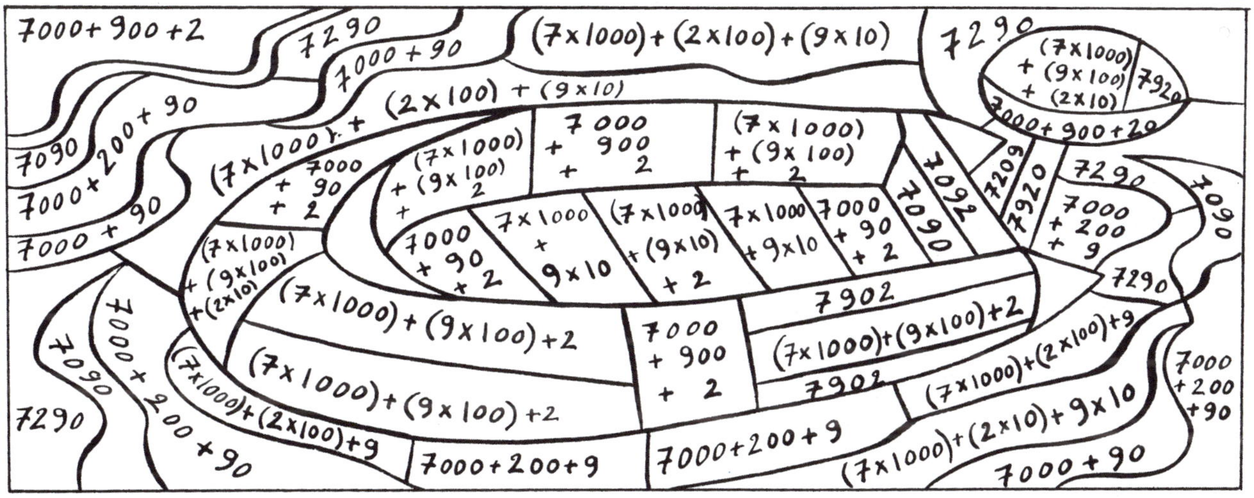

Étude

Complète les écritures d'un même nombre.

		(8 × 1 000) + (4 × 100) + (7 × 10) + 5
6 386		
	neuf mille six cent vingt	
		(7 × 1 000) + (4 × 100) + 3

J'évalue mon travail

Je compte le nombre de réponses justes. / 8

- *Durée conseillée : 15 min* *J'ai mis moins de 15 min* ❐ *J'ai mis plus de 15 min* ❐
- *Aides possibles : les cartons des nombres* ❐ *l'abaque* ❐ *un camarade* ❐ *le maître* ❐

36 La symétrie

Calcul réfléchi, séquence 36 p. 116.

Pliage et découpage

Plie une feuille en 4.

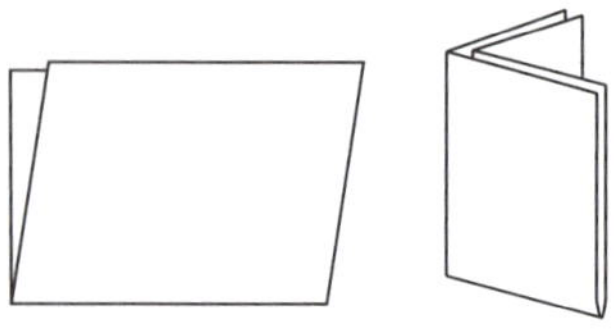

• **Ouvre-la.** Repasse sur les plis avec un crayon rouge.

• **Plie une feuille quadrillée en 4.**

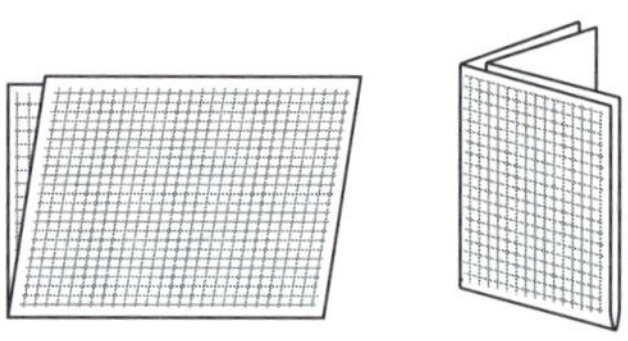

• **Trace une diagonale** comme sur le dessin. **Découpe.**

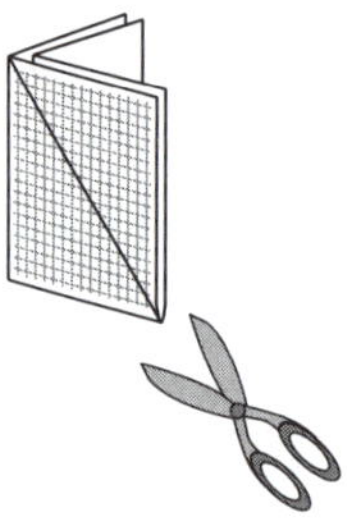

• **Ouvre.** Tu obtiens un losange.
Repasse sur les plis avec un crayon rouge.

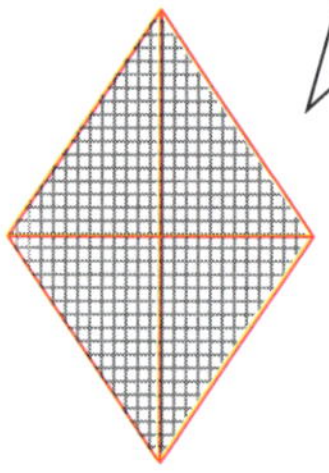

Procède de la même façon avec un carré.
Recherche les 4 axes de symétrie.

Repères

Je comprends

• Ces 2 figures se superposent par pliage, elles sont symétriques.
Elles sont situées à égale distance de l'axe de symétrie.

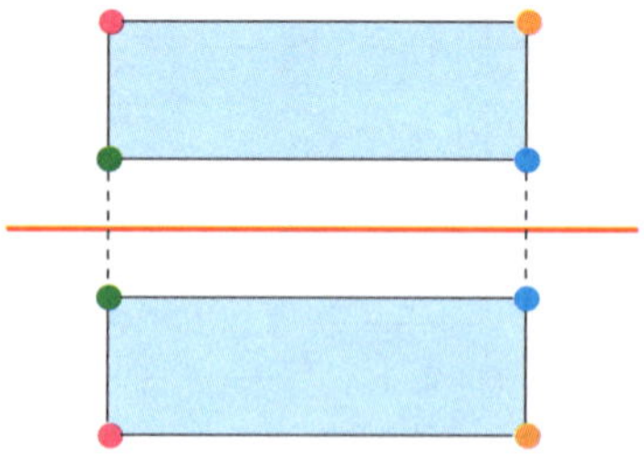

• Pour construire le symétrique d'une figure, je place le symétrique de chaque sommet et je joins correctement les points obtenus.

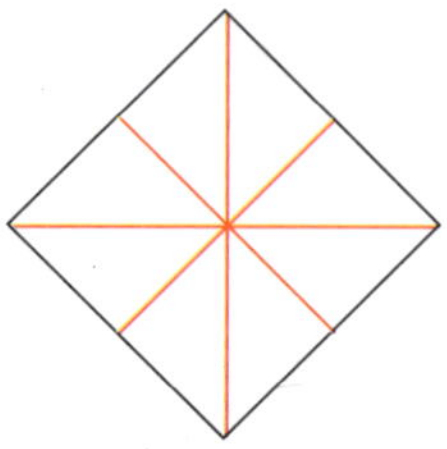

▶ Cette figure possède .... axes de symétrie.

Demain je saurai...

Reconnaître les axes de symétrie et construire des figures symétriques.

Lire aussi la fiche Ressource III B, p. 153.

Activités préparatoires, guide pédagogique, leçon 36.

Exercices

1 **Colorie d'une même couleur les cases symétriques aux cases coloriées.**

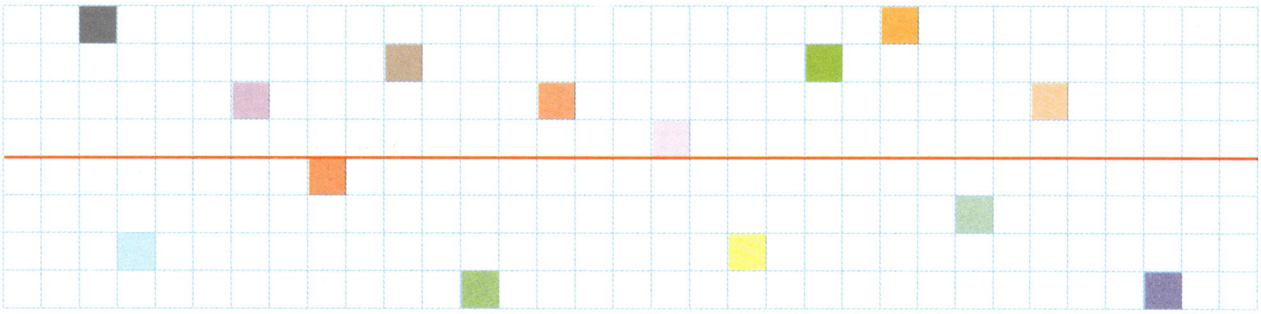

2 **Complète ce dessin par symétrie.**
Colorie-le à ton idée.

3 **Trace les axes de symétrie de ces figures.**
Tu peux utiliser un calque pour vérifier.

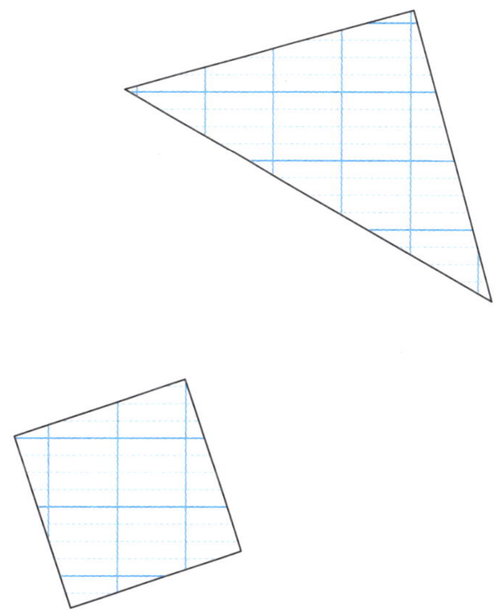

Étude

Trouve les nombres cachés en traçant les figures symétriques ou les axes de symétrie.

Réponse : .... Réponse : .... Réponse : .... Réponse : ....

J'évalue mon travail

Je compte le nombre de réponses justes. / 4

- *Durée conseillée : 10 min* *J'ai mis moins de 10 min* ❑ *J'ai mis plus de 10 min* ❑
- *Aides possibles : un calque* ❑ *un camarade* ❑ *le maître* ❑

Activités complémentaires, guide pédagogique, leçon 36.

37 Multiplier (3)

Calcul réfléchi, séquence 37 p. 116.

À la Villette

Les 23 élèves d'une classe de CE2 partent en autocar visiter la Cité des sciences à Paris. Le prix de la journée est de 127 F par enfant.

• **Calcule le prix que doit payer la maîtresse pour l'ensemble de la classe.**

127 × 23 = ...

Écris les produits partiels.

```
  1 2 7        1 2 7        1 2 7
×     3      ×   2 0      ×   2 3
 ........     ........     ........
                         + ........
                           ........
```

La classe envisage 2 autres sorties : l'une au musée Grévin (85 F par personne), et l'autre au Jardin des plantes (54 F par personne).

• **Calcule le montant de la dépense pour chaque excursion.** Pose directement les opérations. Écris les retenues sur le côté pour ne pas les oublier.

.... | ....

.... | ....

.... | ....

.... | ....

.... | ....

Repères

Je comprends

Pour calculer un produit tel que 56 × 32, j'écris les produits partiels

```
                        5 6
  5 6      5 6        × 3 2
×   2    × 3 0        .......
.......  .......    + .......
                      .......
```

ou

j'utilise la présentation habituelle.

```
  5 6   1̸
× 3 2   1
.......
+ .......
.......
```

Mais attention de ne pas oublier les retenues !

La présentation habituelle permet d'aller plus vite et de gagner de la place.

Demain je saurai...

Calculer un produit en écrivant les produits partiels ou en utilisant la présentation habituelle.

Lire aussi la fiche Ressource I E, p. 149.

Exercices

1 **Écris les produits partiels pour effectuer ces multiplications.**

28 × 35

```
  2 8      2 8      2 8
×   5    × ....   × ....
-----    -----    -----
.....    .....    .....
                + .....
                  -----
                  .....
```

74 × 46

```
  7 4      7 4      7 4
× ....   × ....   × ....
-----    -----    -----
.....    .....    .....
                + .....
                  -----
                  .....
```

2 **Effectue ces opérations directement.**

```
  1 5 2        2 3 8
×   2 1      ×   5 3
-------      -------
```

3 Une fermière place 24 douzaines d'œufs dans ses couveuses.
Combien devrait-elle avoir de poussins ?

....

....

....

....

....

Il en meurt 19. **Combien lui en reste-t-il ?**

....

....

....

....

4 En un mois, un chauffeur routier a fait 28 fois le trajet d'Orthez à Pau. **Calcule le nombre de kilomètres parcourus.**

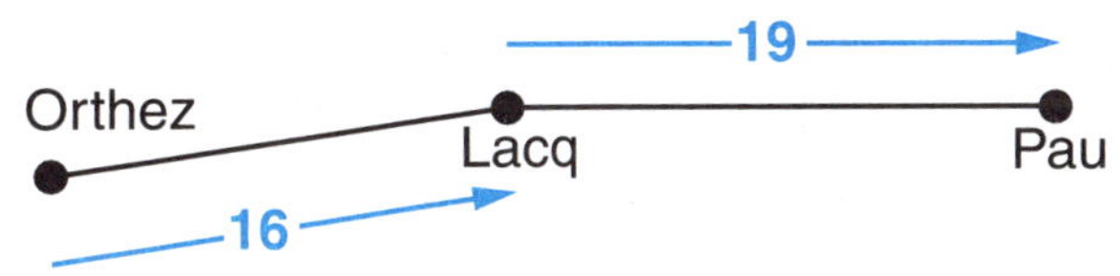

....

....

....

....

....

Étude

12 adolescents partent une nuit en camping.
Calcule la quantité de provisions qu'ils vont emporter pour le petit déjeuner.

Provisions	Par personne
Chocolat	15 g
Confiture	35 g
Céréales	65 g
Pain	70 g

....

....

....

....

....

J'évalue mon travail

Je compte le nombre de réponses justes. / 4

- *Durée conseillée : 15 min* — *J'ai mis moins de 15 min* ❒ — *J'ai mis plus de 15 min* ❒
- *Aides possibles : un camarade* ❒ — *le maître* ❒ — *une calculette* ❒

Activités complémentaires, guide pédagogique, leçon 37.

38 Lire l'heure

▶ Calcul réfléchi, séquence 38 p. 116.

Décalage horaire

Ce dimanche matin, à Paris Loïc et Amélie viennent de se lever.
Il est 9 h 15 (on dit aussi neuf heures et quart du matin).
Au même moment, ailleurs dans le monde, d'autres enfants ont des activités différentes car il n'est pas la même heure. **Pour chaque endroit, indique l'heure en chiffres.**

Aux États-Unis, John dort à poings fermés.	Il est midi et quart à Moscou, en Russie. Anna et Dimitri déjeunent.	Pour Yin et Tchang, les Chinois, c'est l'après-midi. Il est deux heures moins le quart.	À Tahiti, c'est déjà le soir pour Laetitia et Jacques qui dînent sur la plage. ....

• **Complète.**
Les parents de John ont prévu de le réveiller à 8 h 30.

Combien de temps peut-il encore dormir ? ....

Repères

Je comprends

On peut écrire ou dire l'heure de différentes façons.

– Un quart d'heure ou quinze minutes (15 min).
– Deux quarts d'heure ou .... (30 min).
– Trois quarts d'heure ou quarante-cinq minutes (....................).
– Une heure ou soixante minutes (....................).

▶ Il est 15 h ou .... de l'après-midi.

heure : h **minute : min** **1 heure = 60 min**

Demain je saurai...

Lire l'heure. Calculer une durée simple.

Lire aussi la fiche Ressource IV c, p. 160.

1 **Entoure de la même couleur les montres qui indiquent la même heure.**

2 **Dessine les aiguilles de ces horloges pour indiquer l'heure.**

6 h 25 | 15 h 15 | 18 h 45 | 0 h 50

3 Observe la montre d'Aïcha au moment où elle est entrée au cinéma. **Écris l'heure en dessous.**

....

Le film a duré 1 h 30. **Dessine les aiguilles de la montre** d'Aïcha au moment où elle est sortie du cinéma. **Écris l'heure en dessous.**

....

Étude

Observe ce panneau affiché à l'entrée de la piscine.

Complète : La piscine est ouverte le matin de .... à ...., l'après-midi de .... à ....

Le matin la piscine est ouverte pendant ...., l'après-midi elle est ouverte pendant ....

Dans la journée, la piscine est ouverte pendant ....

J'évalue mon travail

Je compte le nombre de réponses justes. | /7

- *Durée conseillée : 15 min* *J'ai mis moins de 15 min* ☐ *J'ai mis plus de 15 min* ☐
- *Aides possibles : fiche Ressource IV p. 160* ☐ *un camarade* ☐ *le maître* ☐ *une pendule* ☐

39 Les écritures fractionnaires

Calcul réfléchi, séquence 39 p. 116.

La salle d'attente

Chaque consultation dure un quart d'heure ($\frac{1}{4}$ h). Les 5 personnes sont assises dans l'ordre d'arrivée.

Dans une heure, il y a .... quarts d'heure. 

• Complète le tableau.

$\frac{1}{4}$	...... + ... = $\frac{1}{2}$	...... + ... + ... = $\frac{3}{4}$	$\frac{1}{4} + \frac{1}{4} + \frac{1}{4} + \frac{1}{4}$ = ...	$1 + \frac{1}{4}$ = ...

Repères

Je comprends

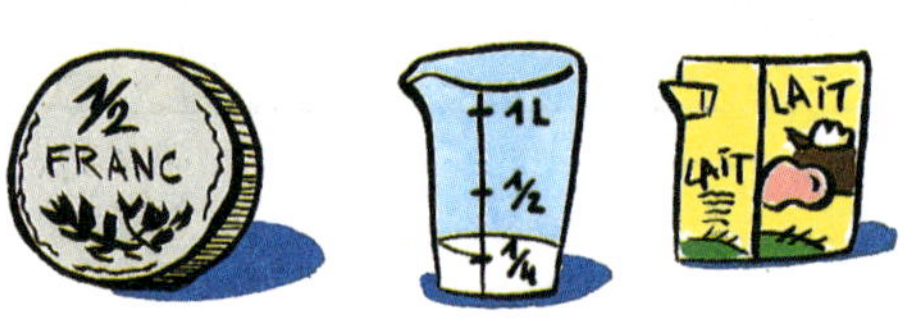

$\frac{1}{4}$ 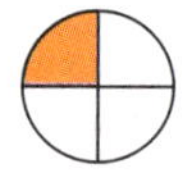 $\frac{1}{2}$ 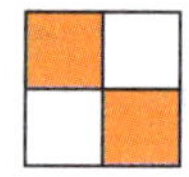

$\frac{3}{4}$ 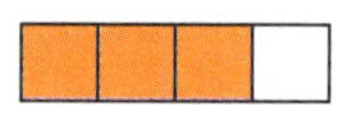

$\frac{1}{2}, \frac{1}{4}, \frac{3}{4}$ sont des fractions.

Grâce aux fractions, je peux écrire de nouveaux nombres et des égalités :

$\frac{1}{4} + \frac{1}{4}$ = ..., $\frac{1}{2} + \frac{1}{2} = 1$, $\frac{1}{4} + \frac{1}{4} + \frac{1}{4}$ = ...

Demain je saurai...

La valeur de certaines fractions.

Activités préparatoires, guide pédagogique, leçon 39.

Exercices

1 Voici 4 barres de chocolat. Une partie a été mangée. **Barre-la. Indique ce qu'il reste par une fraction.**

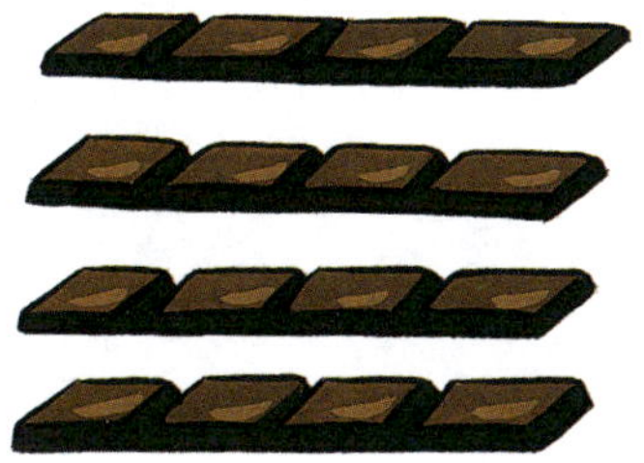

$\frac{1}{4}$ a été mangé. Il reste : ....

$\frac{1}{2}$ a été mangé. Il reste : ....

$\frac{3}{4}$ ont été mangés. Il reste : ....

$\frac{4}{4}$ ont été mangés. Il reste : ....

2 Chacun de ces bonbons coûte $\frac{1}{2}$ F ou 50 centimes. **Entoure les pièces nécessaires pour payer l'ensemble de ces bonbons.** Il existe plusieurs solutions.

3 Observe les ingrédients utilisés pour faire un gâteau. **Colorie et complète les quantités nécessaires pour en préparer 2.**

Pour faire 1 gâteau

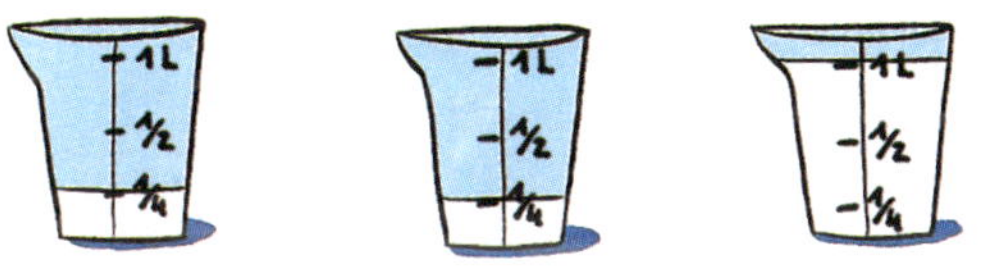

farine $\frac{1}{4}$ sucre $\frac{1}{4}$ lait 1

Pour faire 2 gâteaux

farine .... sucre .... lait ....

Étude

Relie les éléments qui indiquent la même fraction.

$\frac{1}{4}$

$\frac{1}{2}$

$\frac{3}{4}$

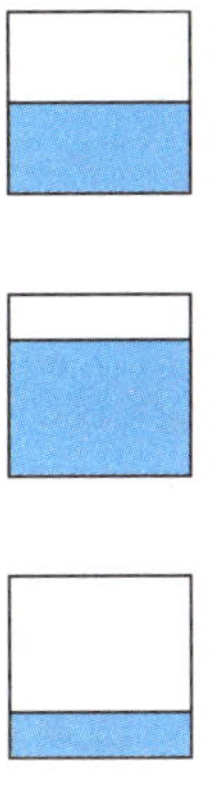

J'évalue mon travail

Je compte le nombre de réponses justes. /6

- *Durée conseillée : 10 min* *J'ai mis moins de 10 min* ❐ *J'ai mis plus de 10 min* ❐
- *Aides possibles : un camarade* ❐ *le maître* ❐

40 Résoudre des situations de proportionnalité

▶ Calcul réfléchi, séquence 40 p. 116.

À la boulangerie

La boulangère désire calculer rapidement le prix des croissants qu'elle vend.
Elle écrit sur une feuille :

1 croissant coûte	$1 \times 5 = 5$	5 F
2 croissants coûtent	$2 \times 5 = 10$	10 F
3 croissants coûtent	.... = ...	15 F
4 croissants coûtent	....	....

Mais pour lire plus vite les prix, elle construit un tableau.

• **Complète le tableau.**

J'indique ce que je mets dans les colonnes.

× ....

Nombre de croissants	Prix en F
1	5
2	
3	
5	
10	
25	

Une brioche coûte 8 F.

• **Construis un tableau équivalent pour les brioches.**

N'oublie pas d'indiquer ce que tu vas écrire dans les lignes.

× ....

Repères

Je comprends

Quand on multiplie les nombres d'une liste par un même nombre, il est souvent plus facile de construire un tableau.

× 12

Nombre de boîtes	1	2	4	10	13	23
Nombre d'œufs	12	24				

▶ Je construis un tableau équivalent avec des boîtes de 24 œufs.

Demain je saurai...

Construire un tableau qui me permettra d'avoir sous les yeux de nombreuses informations.

1 À la cantine, on installe les élèves à des grandes tables. Le surveillant a affiché un tableau pour compter les présents. **Complète le tableau.**

× ....

Nombre de tables	Nombre de présents
1	
2	
3	
	32
5	40
6	
	56
8	
9	
10	80

2 **Complète le tableau.**

× .... × ....

1		40
8	32	
10		400
46		
	200	
		4 400
125		
	600	
715		
	320	
52		
		32 400
903		

3 Pendant les vacances, Quentin reçoit 25 F par jour pour aider son oncle à livrer des produits alimentaires.

- **Quelle somme a-t-il gagnée en 1 jour, 2 jours, 3 jours, 5 jours, 6 jours, 1 semaine ?** ....
- **Quelle somme gagne-t-il en 2 semaines ?** ....
- **Quand il a gagné 200 F, combien de jours a-t-il travaillé ?** ....

× ....

Nombre de jours							
Somme gagnée en F							

Étude

Tante Jeannette arrose ses géraniums. Elle utilise 20 litres d'eau par jour.
Complète le tableau.

× .... × 20

Nombre de semaines	1	2	3	4	5	6
Nombre de jours	7					
Nombre de litres					700	

J'évalue mon travail

Je compte le nombre de réponses justes. / 10

- *Durée conseillée : 15 min* *J'ai mis moins de 15 min* ❐ *J'ai mis plus de 15 min* ❐
- *Aides possibles : un camarade* ❐ *le maître* ❐ *une calculette* ❐

7 ÉNIGMES À RÉSOUDRE EN ÉQUIPES

MON ÉQUIPE

Règle du jeu : cf. p. 3.

Durée : 45 min

Ma classe se partage en .... équipes de .... joueurs qui vont s'affronter.

Prénoms des camarades de mon équipe et numéros des énigmes qu'ils vont résoudre :

....

....

....

1 Qui suis-je ?

5 POINTS

J'ai 4 côtés de 4 cm et 4 angles droits.
Tracez-moi.

Je suis ....

2 Carrés magiques

15 POINTS

Complétez le carré magique du milieu : en additionnant les nombres d'une ligne, d'une colonne ou d'une diagonale, on doit obtenir toujours le même nombre.
Remplissez ensuite les 2 autres tableaux.

10		30
	25	
		40

− 4 (carré du milieu → carré de gauche) ; + 9 (carré du milieu → carré de droite)

Qu'observez-vous ? ....

3 La multiplication

20 POINTS

Pour faire une multiplication, reportez-vous au tableau des Repères de la séquence 33 p. 94.
Retrouvez chaque signe et le résultat de la multiplication.

◆ ♥ ♣ × 35 = ...

•••	••	•	
500		35	•
	600		••

◆ = ...

♥ = ...

♣ = ...

4 La rivière

20 POINTS

Attention ! il y a beaucoup de pièges pour traverser la rivière. Les seuls rondins sur lesquels on peut passer sont les 4 qui contiennent un nombre égal à 852. **Coloriez-les.**

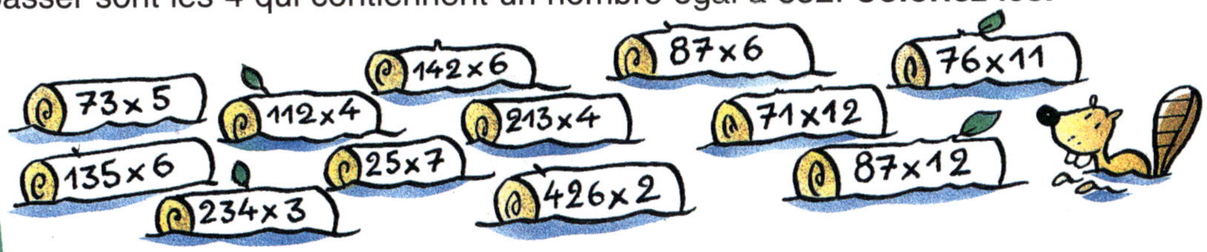

5 L'enquête

25 POINTS

Cette nuit, il y a eu un vol au château : le voleur a dérobé les bijoux de la comtesse. Le détective Alfred a réuni tous les suspects dans le salon. Il connaît l'heure du délit car, en s'enfuyant, le voleur a bousculé une horloge qui s'est bloquée en tombant.

Retrouvez le coupable.

 Monsieur Moreau, le jardinier, est allé chez des amis en ville. Il est rentré au château à 23 h 10.	 Madame Leponge, dont c'était la journée de repos, est allée voir sa mère. Elle est repartie par le train de 6 h du soir. Le voyage dure 5 h 15.	 Madame Mirande, la cuisinière, a quitté le château à 21 h 45.	 Monsieur Dubois, le gendre de la comtesse, est allé au cinéma situé à côté du château. La séance a commencé à 21 h et s'est terminée 1 h 40 plus tard.

Le coupable est ....

6 Devinette

20 POINTS

Je suis la hauteur en mètres du plus haut sommet d'Europe.
– Mon premier chiffre est la moitié de mon deuxième chiffre.
– Mon deuxième chiffre est juste après mon quatrième chiffre.
– Mon troisième chiffre est plus petit que un.
– Si je multiplie mon quatrième chiffre par lui-même, j'obtiens le nombre qui précède 50.

Le plus haut sommet d'Europe mesure .... mètres.

7 L'anniversaire

15 POINTS

Pour son anniversaire, Rémi a invité 3 camarades.
Sa mère a préparé 2 superbes gâteaux au chocolat.
Rémi a mangé 1/4 d'un gâteau, Xavier la même chose et Raïssa 1/2 gâteau. Jérôme, lui, est vraiment gourmand : il en a mangé autant que Xavier et Raïssa réunis !
Coloriez ce qu'il reste des 2 gâteaux.

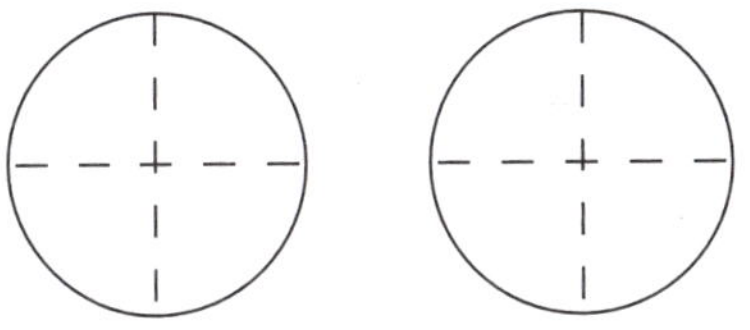

CALCUL DU SCORE DE MON ÉQUIPE

Énigmes	1	2	3	4	5	6	7	TOTAL
Points								

Évaluation 4

1 *Je sais **reconnaître** des quadrilatères.*

Colorie les quadrilatères présents dans ce dessin.

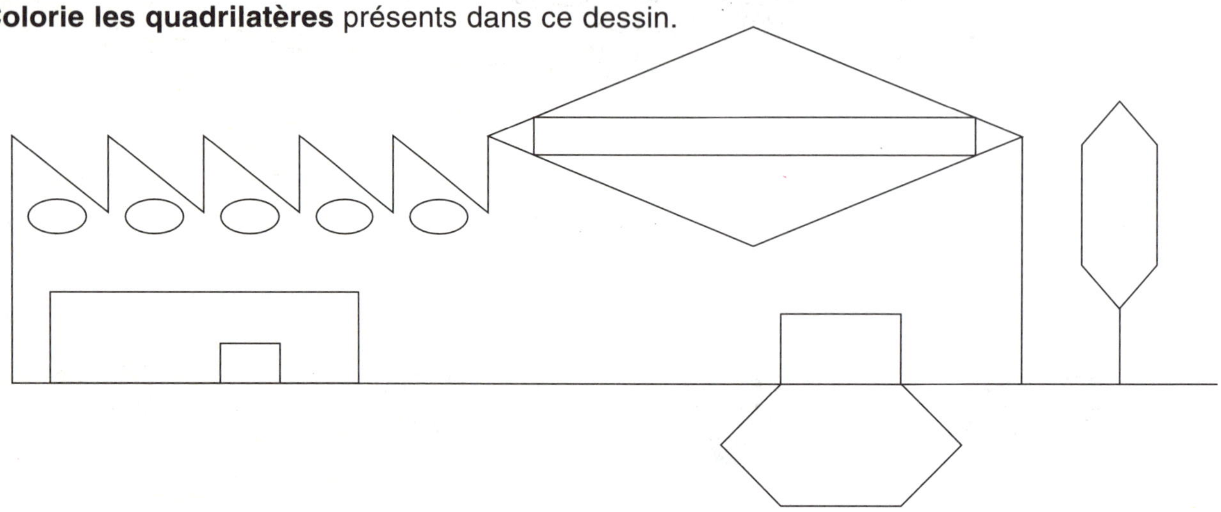

Colorie le nombre de réponses justes. ☐☐☐☐☐

2 *Je sais **écrire** les nombres jusqu'à 10 000.*

Complète les écritures des nombres.

Colorie le nombre de réponses justes. ☐☐☐☐☐

3 *Je sais **effectuer** des multiplications.*

Effectue ces multiplications.

1 3 8	2 4 3	3 3 8	2 0 4	4 8 0
× 1 2	× 2 2	× 4 1	× 3 5	× 1 8
....	....	....	....	....

Colorie le nombre de réponses justes. ☐☐☐☐☐

4 Je sais **lire** l'heure.

Complète le tableau (en écrivant des nombres ou en dessinant).

	vingt et une heures trente
	une heure et quart

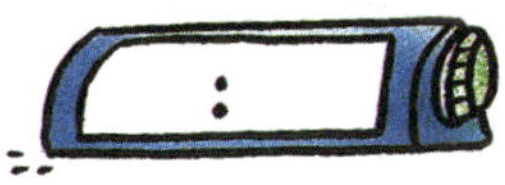	huit heures quarante-cinq

Colorie le nombre de réponses justes. ☐☐☐☐☐

5 Je sais **compléter** un tableau de nombres.

Une personne travaille sept heures par jour. **Complète ce tableau.**

Jours	1		5		15	
Heures	7	21		70		140

Colorie le nombre de réponses justes. ☐☐☐☐☐

Je Fais Mon Bilan

Pour chaque exercice, colorie la case qui correspond à ton résultat.

Exercice **1**	Je reconnais des quadrilatères.					
Exercice **2**	J'écris les nombres jusqu'à 10 000.					
Exercice **3**	J'effectue les multiplications.					
Exercice **4**	Je lis l'heure.					
Exercice **5**	Je complète un tableau de nombres.					

▶ **Reporte tes résultats** à la fin de ton fichier.

Calcul réfléchi 4

31 **Calculer** avec la multiplication et l'addition.

Comment obtenir 10 avec 3, 2 et 4 ?

9 avec 4, 2 et 1
11 avec 1, 5 et 2
14 avec 3, 2 et 4
12 avec 4, 4 et 2

(3 × 2) + 4 = 10 ; ....

32 **Calculer** avec la multiplication et l'addition.

Comment obtenir 16 avec 2, 5 et 6 ?

13 avec 6, 1 et 2
15 avec 3, 6 et 3
20 avec 6, 2 et 3
17 avec 2, 3 et 7

(2 × 5) + 6 = 16 ; ....

33 **Multiplier** par 10.

cent trente-cinq multiplié par dix

242 × 10
380 × 10
711 × 10
801 × 10

135 × 10 = 1 350 ; ....

34 **Ajouter** 19, **enlever** 19.

334 + 19 | 224 – 19 | 608 – 19 | 402 + 19 | 789 + 19

334 + [19] = 334 + [20] – [1] = 353 ; ....

35 **Multiplier** par 20 ou 30.

trois cents multiplié par vingt

210 × 20
300 × 30
400 × 20
150 × 30

300 × 20 = 300 × 2 × 10 = 6 000 ; ....

36 **Multiplier** par 40 et 50.

200 × 40 | 20 × 50 | 100 × 40 | 110 × 50 | 120 × 40

200 × 40 = 200 × 4 × 10 = 8 000 ; ....

37 **Multiplier** par 100.

18 × 100 | 24 × 100 | 36 × 100 | 40 × 100 | 59 × 100

18 × 100 = 1 800 ; ....

38 **Calculer** avec la multiplication à trous.

Par quel nombre faut-il multiplier 30 pour obtenir 300 ?

18 × [ ] = 180
61 × [ ] = 6 100
27 × [ ] = 270
13 × [ ] = 1 300

30 × [10] = 300 ; ....

39 **Calculer** avec la multiplication à trous.

Par quel nombre faut-il multiplier 15 pour obtenir 1 500 ?

25 × [ ] = 2 500
[ ] × 10 = 300
101 × 10 = [ ]
[ ] × 100 = 9 200

15 × [100] = 1 500 ; ....

40 **Trouver** la moitié de…

la moitié de quatorze
la moitié de dix-huit
la moitié de vingt
la moitié de vingt-quatre

14 = 2 × [7] ; ....

* Gamme complète d'activités, guide pédagogique, calcul réfléchi.

Période 5

Mesures anciennes

Nos ancêtres utilisaient leur corps pour créer leurs unités de mesure :
– le pouce (la largeur du pouce d'un homme fort) ;
– la brasse (la longueur de deux bras étendus) ;
– le pied (la longueur d'un pied).

Les Romains mesuraient autrefois avec le pouce. Les Anglais continuent encore aujourd'hui à le faire.

■ Décalque la règle ci-dessous graduée en « pouces ».

■ Mesure les personnages dessinés avec la règle graduée en pouces.

Le Romain mesure .... pouces et sa lance .... pouces.

L'Anglais mesure .... pouces et son parapluie .... pouces.

41 Les triangles

▶ Calcul réfléchi, séquence 41 p. 144.

Construction

Termine à la règle la construction de ces triangles.

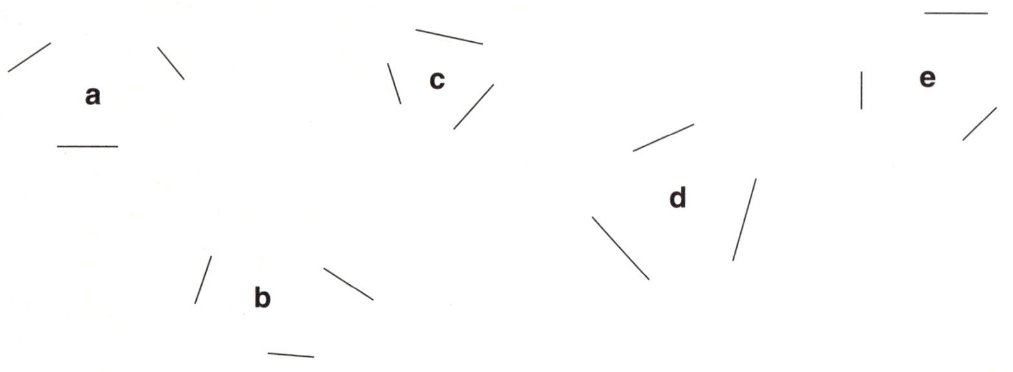

- Pour chaque triangle, **cherche ses caractéristiques**.

– **S'il a des angles droits**, marque-les alors en rouge. Aide-toi de ton équerre.
– **S'il a des côtés de même longueur**, marque un petit trait ⨯ sur chacun des côtés. Aide-toi de ton compas.

- **Complète le tableau.**

Triangles	a	b	c	d	e
Nombre d'angles droits					
Nombre de côtés de même longueur					

- En t'aidant de la fiche Ressource III E, donne le nom de ces triangles :

a : ....

b : ....

Je comprends

- Ces polygones ont 3 sommets, 3 côtés et 3 angles.
Ce sont des triangles.

- Pour décrire les triangles, j'indique le nombre de côtés de même longueur et je précise s'ils possèdent un angle droit.

Le triangle **a** est un triangle rectangle.
Le triangle **b** est un triangle isocèle.
Le triangle **c** est un triangle équilatéral.
Le triangle **d** est un triangle rectangle isocèle.

Demain je saurai...

Classer et reconstruire des triangles.

Repères

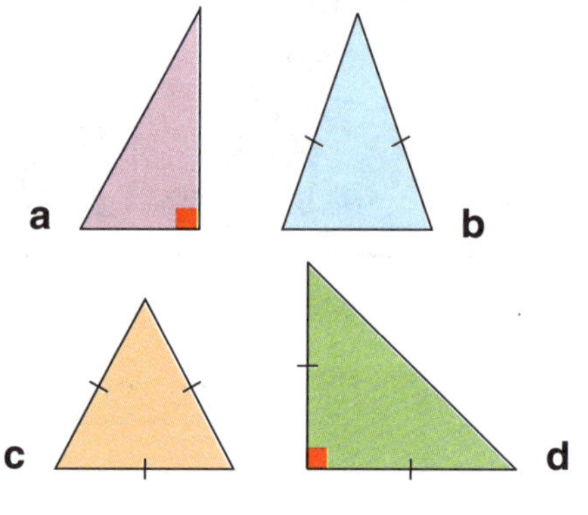

Lire aussi la fiche Ressource III E, p. 156.

Exercices

1 **Partage chaque forme en 3 triangles identiques.**

2 **Utilise la symétrie pour terminer ce triangle.**

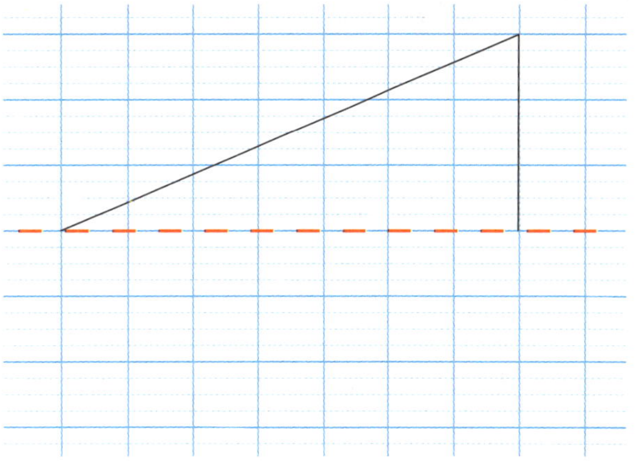

C'est un triangle ....

3 À l'aide de ta règle et en commençant à partir des points, **construis les triangles indiqués.**

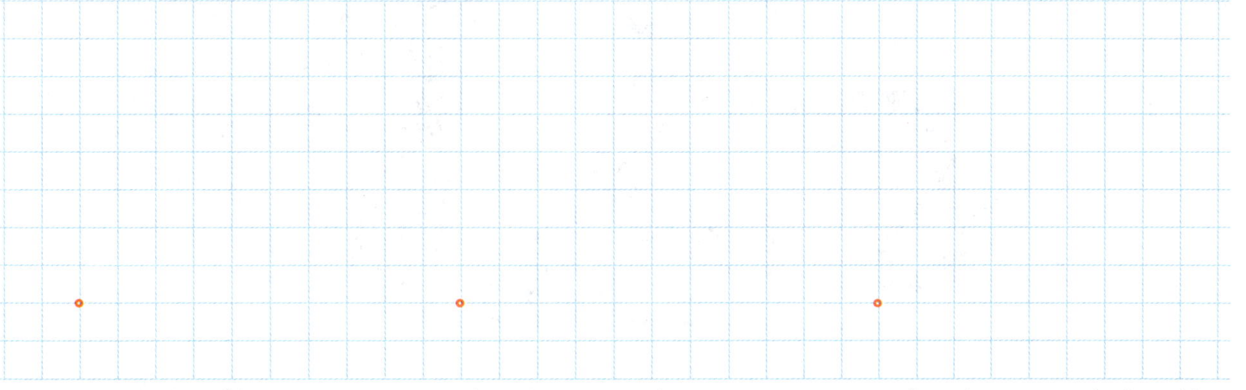

un triangle isocèle — un triangle rectangle — un triangle rectangle isocèle

Étude

Combien y a-t-il de triangles dans chacun de ces polygones ?

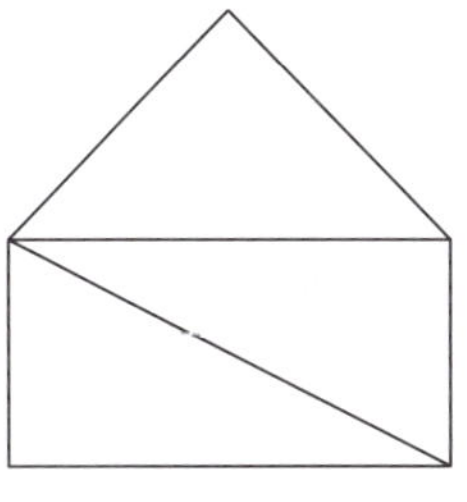

① .... triangles

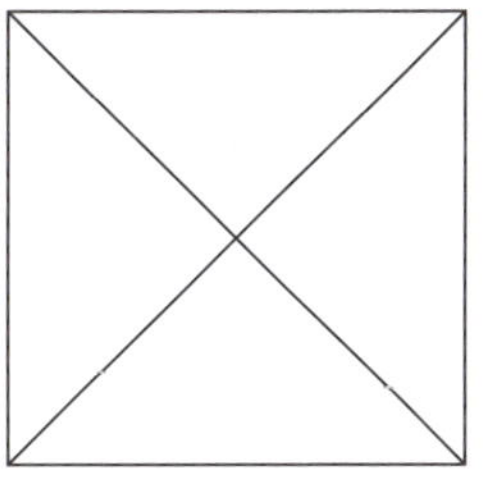

② .... triangles

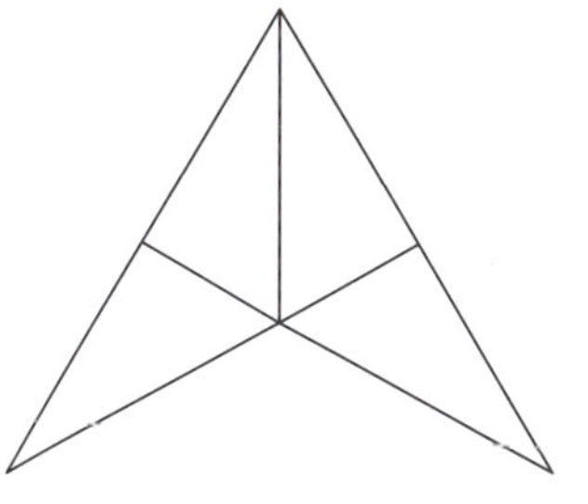

③ .... triangles

J'évalue mon travail

Je compte le nombre de réponses justes. /3

- *Durée conseillée : 10 min* — *J'ai mis moins de 10 min* ❐ — *J'ai mis plus de 10 min* ❐
- *Aides possibles : un camarade* ❐ — *le maître* ❐

Activités complémentaires, guide pédagogique, leçon 41.

42 Les nombres de 0 à 10 000 (2)

Calcul réfléchi, séquence 42 p. 144.

Des chiffres et des mots

Pour écrire le montant voulu sur ce chèque, on a utilisé
– quatre chiffres : 3, 5, 6, 9 ;
– six mots : trois, six, neuf, cinquante, cent, mille.

milliers	centaines	dizaines	unités
6	3	5	9
six mille	trois cent	cinquante-neuf	

• Quels chiffres faut-il pour écrire le prix du scooter ? **Complète le chèque.**

• Quels mots faut-il pour écrire en lettres le prix du voyage ? **Complète le chèque.**

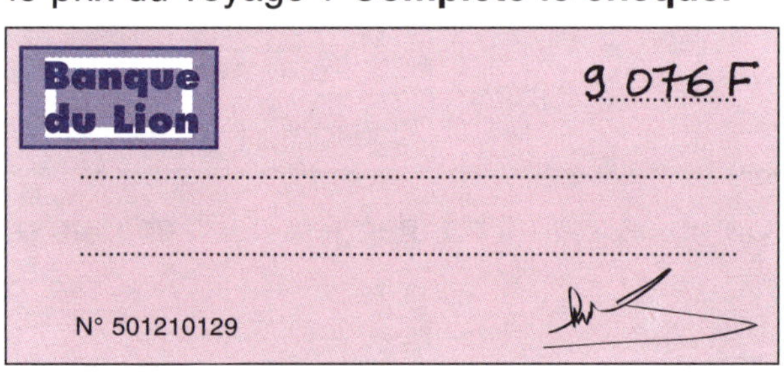

Je comprends

Je ne confonds pas « nombre » et « chiffre ».

▶ Pour écrire ce nombre à 4 chiffres, j'utilise 2 fois le chiffre ...., 1 fois le chiffre ...., 1 fois le chiffre ....

Demain je saurai...

Lire et écrire les nombres jusqu'à 10 000.

Repères

m	c	d	u
9	2	9	0

Neuf mille deux cent quatre-vingt-dix

Lire aussi la fiche Ressource I c, p 147.

Exercices

1 Combien de nombres peux-tu écrire entre 3 696 et 3 706 ?
Écris ces nombres en chiffres.

....

....

....

2 Je suis le plus petit nombre à 4 chiffres. Qui suis-je ?
Écris-moi en chiffres et en lettres.

....

....

....

3 Je suis le plus grand nombre à 4 chiffres. Qui suis-je ?
Écris-moi en chiffres et en lettres.

....

....

....

4 **Quel est le plus grand nombre et le plus petit nombre** à 4 chiffres que tu peux écrire avec 6, 8, 0, 2 ?

le plus grand nombre ? ....

le plus petit nombre ? ....

5 Le maître a demandé d'écrire en chiffres le nombre « **huit mille sept cent quatre-vingt-onze** ».
Trois élèves se sont trompés.
– Loïc a écrit 8 711.
Il a changé le chiffre des ....
– Benoît a écrit 7 791.
Il a changé le chiffre des ....
– Valérie a écrit 8 891.
Elle a changé le chiffre des ....

6 Quels sont les nombres à 4 chiffres dont le chiffre des unités est le 0, celui des centaines le 0 et celui des mille le 6 ?
Écris ces nombres dans l'ordre croissant.

....

....

....

Étude

Trouve 5 nombres à 4 chiffres que tu peux dire avec les mots : trois - sept - cent - mille.
Tous les mots doivent être utilisés (un mot peut être utilisé plusieurs fois dans un même nombre).
Écris ces nombres en chiffres et en lettres.

....

....

....

....

....

J'évalue mon travail

Je compte le nombre de réponses justes (2 points par nombre).   / 10

- *Durée conseillée : 15 min*   *J'ai mis moins de 15 min* ❐   *J'ai mis plus de 15 min* ❐
- *Aides possibles : les cartons des nombres* ❐   *un camarade* ❐   *le maître* ❐

Activités complémentaires, guide pédagogique, leçon 42.

43 Les masses

Calcul réfléchi, séquence 43 p. 144.

Drôles de pesées !

Rachid, Audrey et Stéphane se pèsent ensemble : à eux trois, ils pèsent 79 kg.
Ensuite ils montent 2 par 2 sur la balance.

Quel est le poids* de chaque enfant ?

• Écris tes calculs.

....

....

....

• Écris tes réponses.

Rachid : ....

Audrey : ....

Stéphane : ....

Rachid a réalisé ces 3 pesées sur une balance ancienne.

• Retrouve la masse de chaque objet.

 ....
 ....
 ....

Repères

Je comprends

Pour peser ou comparer des masses proches, on utilise une balance.

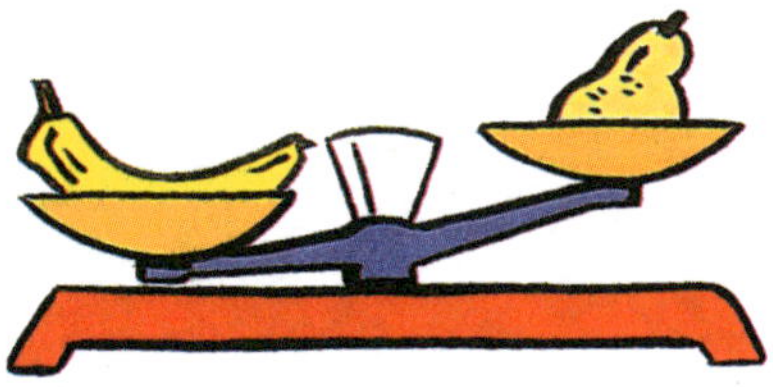

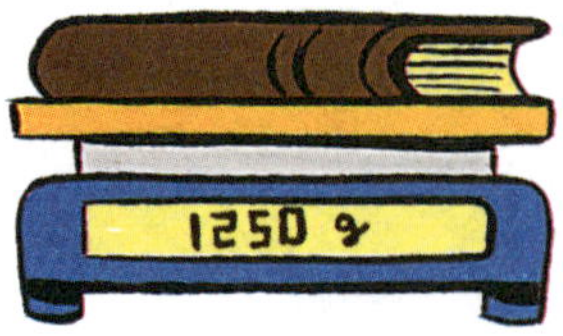

kilogramme = kg **gramme = g** **1 kg = 1 000 g**

La banane est plus .... que la poire. Ce livre pèse .... g, soit .... kg et .... g.
**Dans la vie courante, on utilise souvent le mot « poids » à la place du mot « masse ».*

Demain je saurai...

Comparer des masses. Trouver la masse d'un objet et effectuer des calculs simples.

Lire aussi la fiche Ressource IV c, p. 159.

Exercices

1 **Classe les 4 fruits du plus lourd au plus léger** (en écrivant leurs noms).

....

2 **Relie chacune de ces masses à l'objet** qui peut lui correspondre.

10 g
50 g
250 g
500 g
3 kg + 700 g

3 Observe la boîte de masses marquées et les poids. **Écris la masse de chaque objet. Calcule la différence de poids entre le poulet et le fromage.**

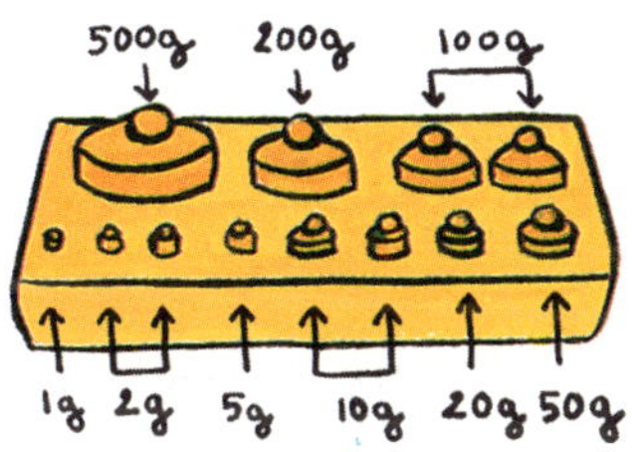

....

....

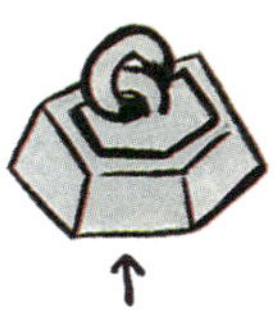

1 Kg

....

– ....

____

....

....

....

Étude

Écris en grammes et en kilogrammes la masse de chacun de ces objets. Range-les du plus lourd au plus léger.

....

....

J'évalue mon travail

Je compte le nombre de réponses justes. | /6 |

- *Durée conseillée : 10 min* *J'ai mis moins de 10 min* ❐ *J'ai mis plus de 10 min* ❐
- *Aides possibles : fiche Ressource IV, p. 159* ❐ *un camarade* ❐ *le maître* ❐

Activités complémentaires, guide pédagogique, leçon 43.

Savoir lire un tableau, un graphique

1 *Savoir lire un tableau.*

OISEAUX DE NOS FORÊTS

Caractéristiques / *Noms*	Longueur totale	Poids	Régime	Ponte (nombre d'œufs)	Incubation (nombre de jours)
Rouge-gorge	14 cm	13 à 19 g	omnivore	5 à 7	12 à 15
Mésange bleue	14 cm	15 à 22 g	insectivore	8 à 12	12 à 15
Pivert	32 cm	150 à 210 g	insectivore	3 à 9	12 à 19
Rossignol	17 cm	20 à 25 g	omnivore	4 à 5	13 à 14
Coucou gris	33 cm	90 à 135 g	insectivore	8 à 12	12 à 13

■ **Pour bien comprendre un tableau**, il faut :

– d'abord lire le titre. Il s'agit ici d'un tableau concernant des .... ;

– lire ensuite ce qu'indiquent les lignes (les .... de certains oiseaux) et les colonnes (les .... de ces oiseaux) ;

– puis savoir interpréter les informations pour trouver des renseignements (le rossignol pond ....) ou effectuer des comparaisons (le coucou pèse .... lourd que le rossignol).

■ **Observe ce tableau et réponds aux questions.**

CLUB DE GYMNASTIQUE

Enfants inscrits	Spécialité	Âge	Quartier	École	Musique choisie
Julie	Ruban	10 ans	du Plateau	Jules Verne	Classique
Paola	Danse	8 ans	du Bas	Du Bellay	Rock
Alice	Ruban	10 ans	du Château	Descartes	Jazz
Aïcha	Ballon	8 ans	du Plateau	Jules Verne	Jazz
Céline	Danse	5 ans	du Plateau	La Fontaine	Rap

– Quelles filles vont dans la même école ? ....

– J'ai 10 ans et je fais du ruban sur une musique de jazz. Qui suis-je ? ....

– Je suis la plus jeune. Je m'appelle ....

– Je fréquente l'école Du Bellay. Je m'appelle ....

2 Savoir lire un graphique.

POPULATION TRANSPORTÉE PAR AN PAR LA NAVETTE NY 91 SUR MARS

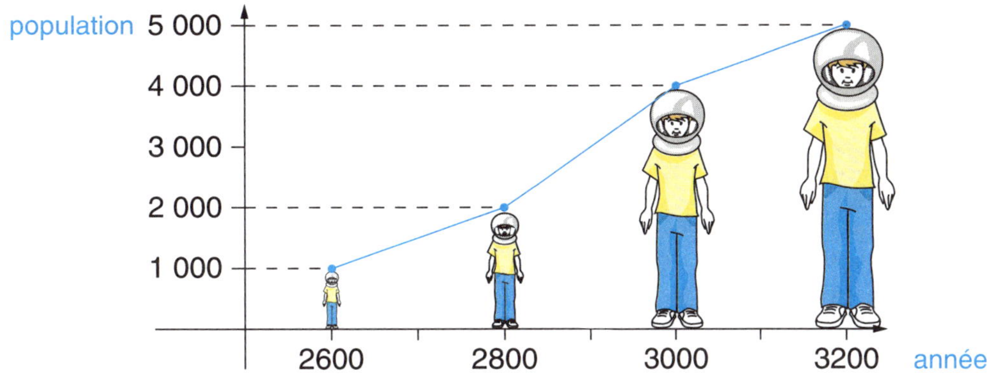

Pour bien comprendre un graphique, il faut :

– d'abord lire le titre (.................................... transportée par an par la navette NY 91 sur ....) ;

– puis lire et comprendre ce que représentent les axes (la .... et l'.........................) ;

– enfin savoir interpréter les informations (début du transport en l'an .... ; en l'an 3200, ... personnes ont emprunté la navette NY 91 ; plus forte augmentation de .... à ....).

Observe ce graphique et réponds aux questions.

NOMBRE DE NAVETTES NY 91 AYANT EFFECTUÉ LE VOYAGE TERRE-MARS

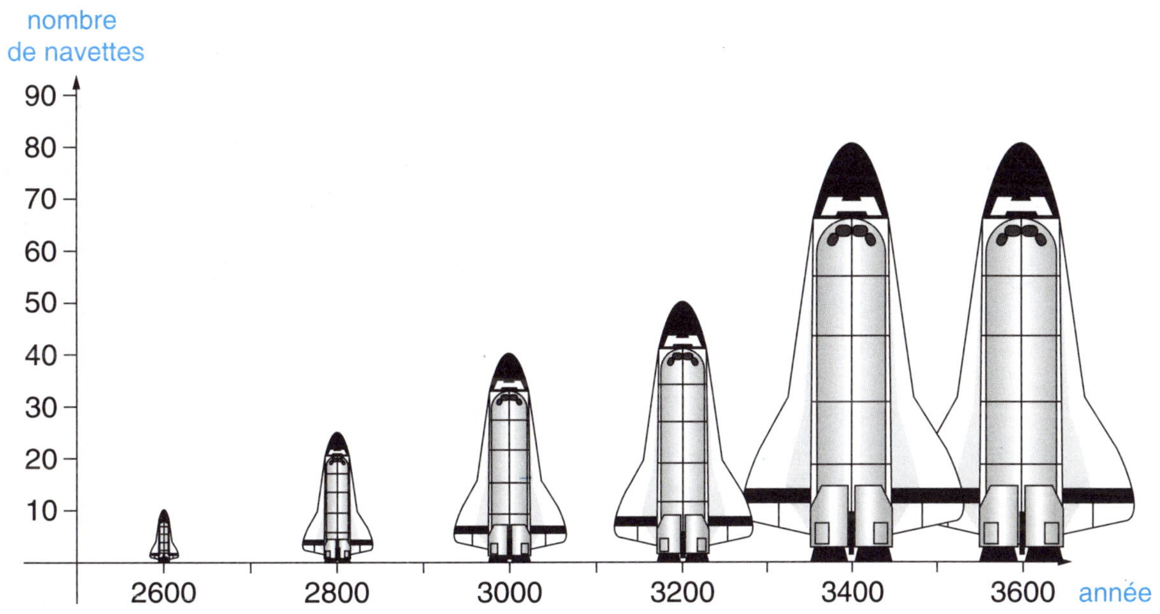

– Que représente ce graphique ? ....

....

– En quelles années y a-t-il eu le plus de voyages Terre-Mars ? ....

– Combien de navettes NY 91 ont effectué le voyage Terre-Mars en l'an 2600 ? ....

en l'an 3200 ? ....

– Durant quelles années le nombre de navettes est-il resté stable ? ....

– Combien de voyages la navette a-t-elle effectués ces années-là ? ....

44 Résoudre des situations de division (1)

Calcul réfléchi, séquence 44 p. 144.

Histoires de partage

Cinq brigands se partagent une bourse de 16 louis d'or. Le chef en prend 8 et il en distribue 2 à chacun.

16 = 8 + 2 + 2 + 2 + 2 → reste 0 C'est **un partage inégal.**

• **Recherche un autre partage inégal de cette bourse.**

....

Cinq pirates se partagent un butin de 26 pièces d'argent. Chacun prend 4 pièces.
• **Complète l'égalité.**

26 = 4 + ... + ... + ... + ... → reste .... C'est **un partage en parts égales avec reste.**

• **Trouve un autre partage égal avec reste.**

....

Parmi les partages égaux, quel est celui où les pirates pourraient avoir le plus grand nombre de pièces ?
• **Complète l'égalité.**

26 = (........ × ....) + ...

Quatre corsaires se partagent 16 pièces d'or en parts égales.
Ils souhaitent obtenir le plus de pièces possible.

Combien chacun aura-t-il de pièces ? ....

Restera-t-il des pièces ? ....

• **Complète l'égalité.**

16 = (........ × ....) + ...

Repères

Je comprends

• Un partage en parts égales peut parfois tomber juste.
Exemple : 15 billes à partager en 3 15 = (5 × 3) + 0 → reste 0

• Si le partage ne tombe pas juste, il y a un reste.
Exemple : 15 billes à partager en 2 15 = (7 × 2) + 1 → reste 1

▶ Je partage 18 billes en 6.

Demain je saurai...

Réaliser des partages dans des situations simples de division.

1 Quatre enfants se partagent un paquet de 34 feutres.
Trouve 3 partages possibles avec reste.

....

....

....

Parmi les partages égaux, **quel est celui où les enfants auront le plus grand nombre de feutres ?**

....

2 **Complète** de telle sorte que le nombre sous la flèche soit le plus grand possible.

↓

17 = (2 × ☐) + ☐

18 = (5 × ☐) + ☐

22 = (7 × ☐) + ☐

144 = (3 × ☐) + ☐

3 Mon album comporte 8 feuillets. J'ai 72 timbres. Je veux ranger le même nombre de timbres par feuillet.
Combien de timbres y aura-t-il par feuillet ?

....

....

....

4 Il y a 20 bonbons dans un sachet. Sandra veut les partager également entre ses 3 petits frères afin que chacun en ait le plus grand nombre possible.
Quel partage Sandra va-t-elle effectuer ?

....

Combien de bonbons restera-t-il ?

....

5 Sophie et Yasmina ont apporté respectivement 18 et 21 graines de haricot pour faire des expériences.
Combien de graines la maîtresse peut-elle mettre dans chacune des 5 boîtes si elle veut en mettre le même nombre ?

....

....

Combien de graines restera-t-il ?

....

Étude

Résous les 2 problèmes.

– Mon grand frère a acheté 6 paquets de sablés pour 54 F.

Quel est le prix d'un paquet ? ....

– Grand-père veut partager 170 F entre ses 4 petits-enfants. Combien va-t-il donner à chacun ?

....

J'évalue mon travail

Je compte le nombre de réponses justes. /2

- *Durée conseillée : 15 min* — *J'ai mis moins de 15 min* ❐ — *J'ai mis plus de 15 min* ❐
- *Aides possibles : un camarade* ❐ — *le maître* ❐

Activités complémentaires, guide pédagogique, leçon 44.

45 Résoudre des situations de division (2)

▶ Calcul réfléchi, séquence 45 p. 144.

À la cantine

Les 51 élèves d'une école primaire qui déjeunent à la cantine sont répartis par tables de 8.
Combien de tables seront occupées entièrement ?
• Voici **2 méthodes pour résoudre ce problème. Complète-les.**

	8	1 table
+ 8	16	2 tables
+ 8	24	3 tables
+ 8	...	....
...	...	....
...	...	....

51		
43	− 8	1 table
35	− 8	2 tables
...	...	....
...	...	....
...	...	....
...	...	....

.... tables complètes

Il reste .... élèves qui occuperont une table incomplète.

(8 × ....) + ... = 51

Il reste .... élèves qui occuperont une table incomplète.

51 = (8 × ....) + ...

Repères

Je comprends

Pour résoudre une situation de partage, je peux faire des additions ou des soustractions successives.

▶ Je range 17 balles de tennis dans des boîtes de 5.

5 + 5 + 5 + ... = 17

17 = (........ × ....) + 2

1	7
−	5
1	2
−	5
	7
−	5
	....

Demain je saurai...

Effectuer des additions ou des soustractions pour résoudre une situation de division.

Exercices

1 Le docteur prescrit à monsieur Lorin une boîte de 28 pastilles. Il doit en prendre 3 par jour.
Pendant combien de jours pourra-t-il suivre le traitement ?

....

....

....

2 Les 4 enfants de la famille Germain se partagent une boîte de 20 chocolats.
Quelle est la part de chacun ?
En reste-t-il pour les parents ?

....

....

3 Madame Durand découpe un ruban de 40 cm en morceaux de 6 cm.
Combien de morceaux de 6 cm obtient-elle ?
Quelle est la longueur du morceau qui reste ?

....

....

4 Une fermière range 50 œufs dans des boîtes de 12.
Combien de boîtes pourra-t-elle remplir ?

....

....

....

Combien lui restera-t-il d'œufs ?

....

....

5 Virginie a commencé la lecture d'un conte de 98 pages. Elle en lit en moyenne 20 pages chaque soir.
Combien de pages lira-t-elle le dernier jour ?

....

....

....

Étude

Résous le problème.

Avec 46 cubes, Pierre fabrique des pyramides de 7 cubes.
Combien de pyramides peut-il construire ?

....

Combien lui restera-t-il de cubes ?

....

Combien lui en manque-t-il pour construire une autre pyramide ?

....

J'évalue mon travail

Je compte le nombre de réponses justes. /3

- *Durée conseillée : 10 min* *J'ai mis moins de 10 min* ❒ *J'ai mis plus de 10 min* ❒
- *Aides possibles : un camarade* ❒ *le maître* ❒

Activités complémentaires, guide pédagogique, leçon 45.

46 Agrandissement et réduction de figures

Calcul réfléchi, séquence 46 p. 144.

Un masque de chat

Reproduis ce masque sur le quadrillage à grands carreaux.

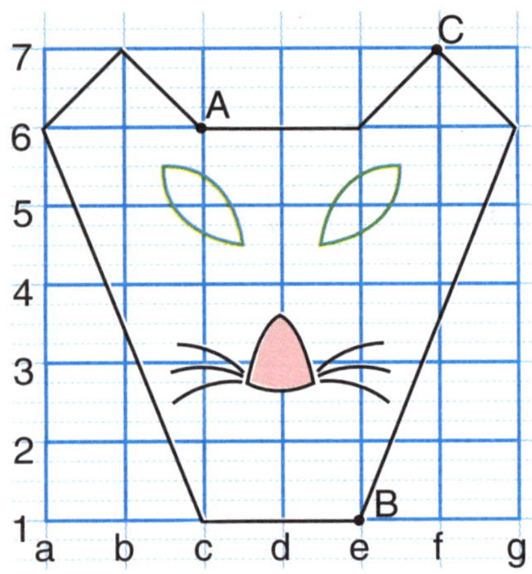

A (c ; 6) ; B (e ; 1) ; C (f ; 7)

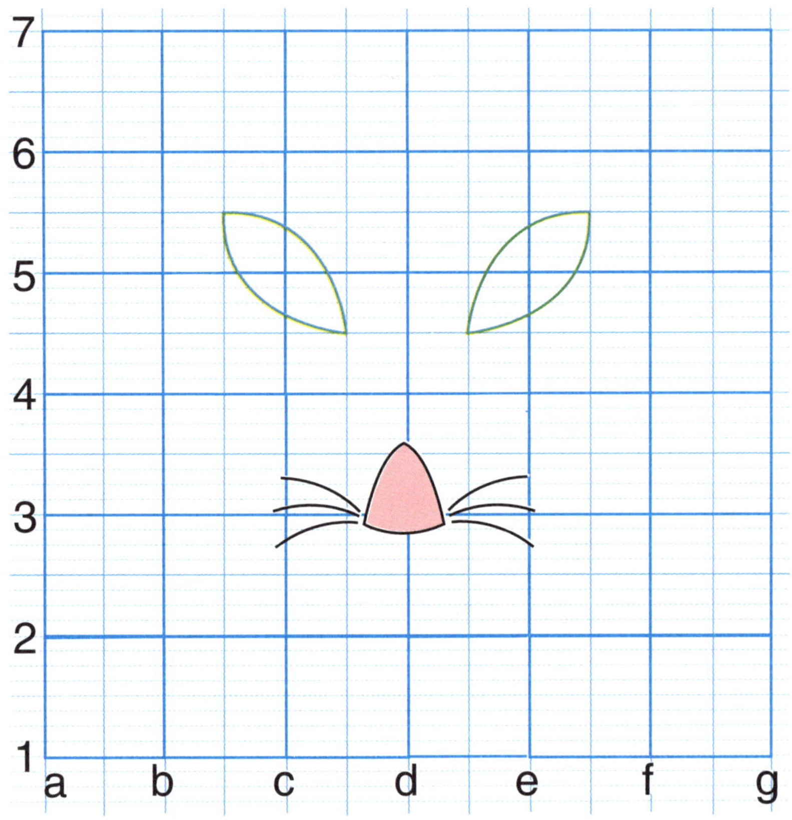

Relis les codes des 3 points A, B, C et vérifie que tu as bien respecté leur position sur le grand quadrillage.
Le masque a été agrandi.

Repères

Je comprends

Je peux réaliser un agrandissement ou une réduction en modifiant la taille des carreaux du quadrillage.

(1) Les carreaux sont plus petits, le triangle est réduit.

▶ Dessine-le.

(2) Les carreaux sont plus grands, le triangle est agrandi.

▶ Dessine-le.

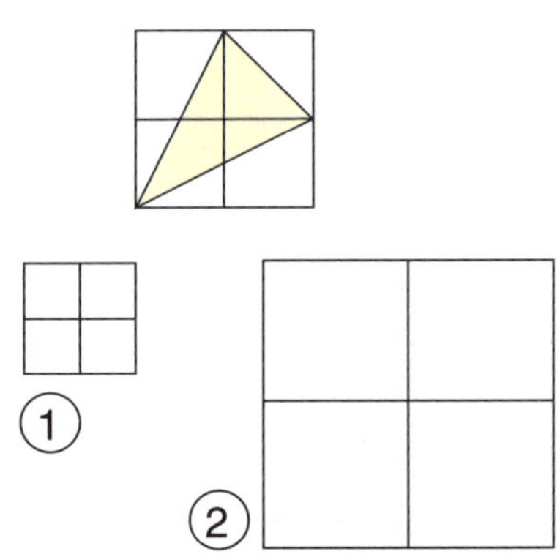

Demain je saurai...

Agrandir et réduire des figures planes.

Lire aussi la fiche Ressource III D, p. 155.

Exercice

1 **Reproduis ce masque** en divisant toutes ses dimensions par 3.

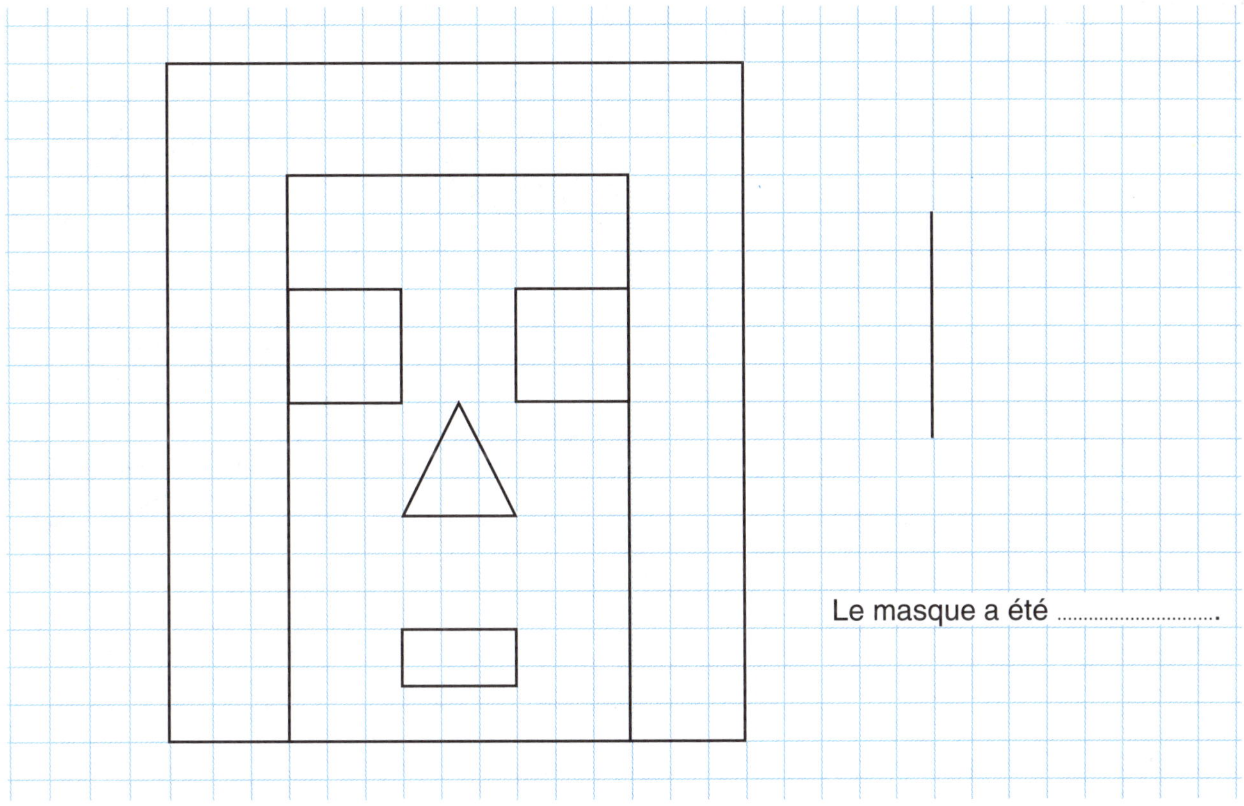

Le masque a été ....

Étude

Reproduis ce masque sur le grand quadrillage.
Colorie l'image à ton idée.

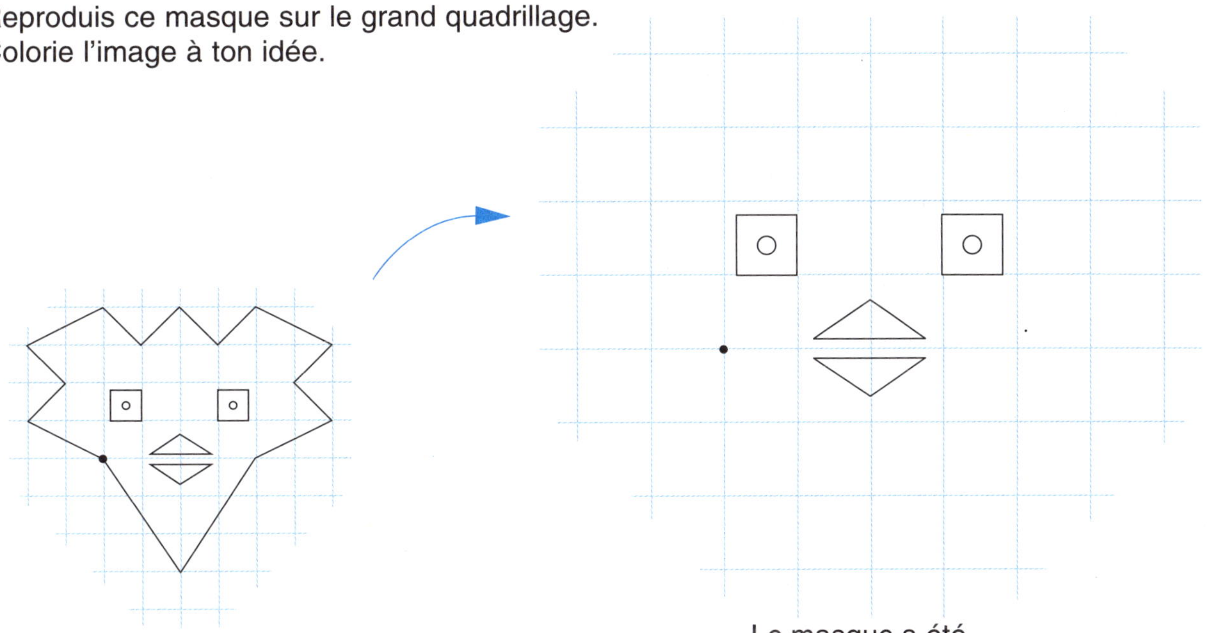

Le masque a été ....

J'évalue mon travail

Je compte le nombre de points gagnés (1 point par segment). | / 14 |

- *Durée conseillée : 15 min* *J'ai mis moins de 15 min* ❒ *J'ai mis plus de 15 min* ❒
- *Aides possibles : un camarade* ❒ *le maître* ❒

47 Les périmètres

Calcul réfléchi, séquence 47 p. 144.

Tableau de ficelles

Erwan et Armelle confectionnent un tableau avec de la ficelle. Pour cela, ils collent des morceaux de ficelle de différentes couleurs sur les contours d'un dessin.

• Voici une partie du tableau. Erwan et Armelle ont collé de la ficelle marron sur le contour de la coque du navire. Celle-ci a la forme d'un quadrilatère. Ils ont utilisé .... cm de ficelle.

Le périmètre de ce quadrilatère mesure ....

• Quelle ficelle Erwan et Armelle vont-ils utiliser pour la voile ?

Pour entourer le contour de la voile, Erwan et Armelle vont utiliser la ficelle de couleur ....

Cette voile a la forme d'un .... **Son périmètre mesure** ....

Repères

Je comprends

Le contour d'une figure s'appelle le périmètre.

▶ Ce rectangle a un périmètre de :

5 + 4 + ... + ... = (5 + 4) × .... = ...

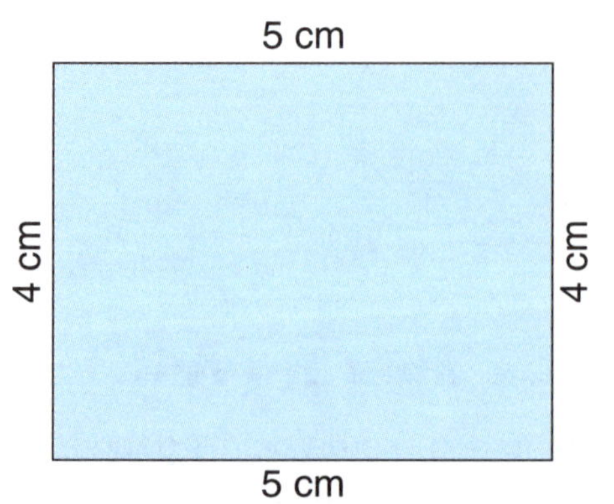

Demain je saurai...

Calculer des périmètres simples.

Lire aussi la fiche Ressource IV B, p. 158.

Exercices

1 **Mesure la longueur des côtés** de ce polygone et **calcule son périmètre**.

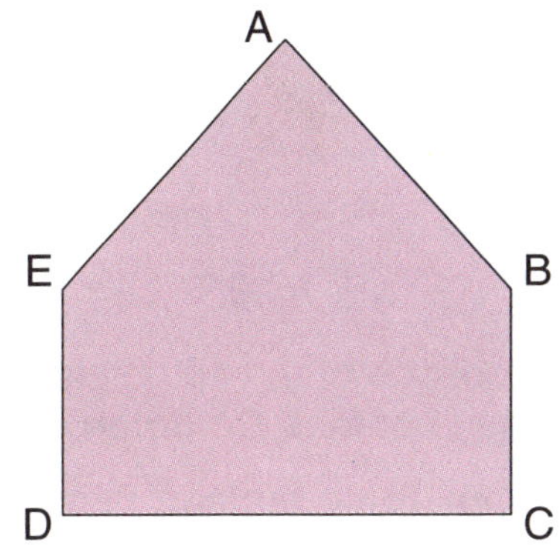

AB : ....

BC : ....

CD : ....

DE : ....

EA : ....

Périmètre du polygone ABCDE : ....

2 Amina a réalisé une magnifique peinture sur une étoffe ayant la forme d'un carré. Le périmètre de ce carré est de 200 cm. Elle décide de fixer 2 baguettes de bois sur 2 côtés de son chef-d'œuvre pour le tendre au mur.
Quelle longueur de baguette est nécessaire ?

....

3 Pour aménager sa salle de bains, monsieur Lavil a collé 4 grands miroirs comme sur le dessin. Chaque miroir a la forme d'un carré de 80 cm de côté.
Monsieur Lavil décide d'entourer cet ensemble avec une jolie bordure en céramique.
Quelle longueur de bordure est nécessaire ?

....

Étude

Mesure les côtés, puis calcule le périmètre du carré et du rectangle de 2 façons.

Périmètre du carré :

....

....

Périmètre du rectangle :

....

....

J'évalue mon travail

Je compte le nombre de réponses justes. | / 4 |

- *Durée conseillée : 20 min* *J'ai mis moins de 20 min* ❐ *J'ai mis plus de 20 min* ❐
- *Aides possibles : fiche Ressource IV, p. 158* ❐ *un camarade* ❐ *le maître* ❐

48 Les multiples

▶ Calcul réfléchi, séquence 48 p. 144.

En vacances

La monitrice prend 48 galettes bretonnes pour le goûter de son équipe. Elle donne 4 galettes à chaque enfant. **Combien d'enfants peut-elle servir ?**

• Complète ce tableau des multiples de 4.

(× 4)

enfants	1	2	3	4	5	6	7	8	9	10	11	12	13
galettes	4	8	12										

4 × .... = 48 Elle peut servir .... enfants.

Les galettes étaient emballées par petits paquets de 6.

• Combien la monitrice a-t-elle ouvert de paquets ?

Elle a ouvert .... paquets.

Nombre de paquets	Nombre de galettes
1	6
2	
3	
4	
5	
6	
7	
8	
9	
10	

Je comprends

Quand on multiplie un nombre par 5, on obtient un multiple de 5. Voici quelques multiples de 5.

▶ Les nombres 1 000 et 4 000 sont des multiples de 5

car 200 × 5 = 1 000

et 800 × .... = 4 000

▶ Je propose des multiples de 3 à mon voisin.
Il me propose des multiples de 8.

Repères

(× 5)

1	5
2	10
3	15
4	20
⋮	⋮

Demain je saurai...

Retrouver les multiples d'un nombre.

Activités préparatoires, guide pédagogique, leçon 48.

Exercices

1 **Complète avec les multiples de 3, de 6 et de 9 (dans l'ordre croissant).**

multiples de (3) ( ) ( ) ( ) ( ) ( ) ( ) ( ) ( ) ( )

multiples de [6] [ ] [ ] [ ] [ ]

multiples de △9 △ △

Que peux-tu dire de 18 ? ....

2 **Recopie cette liste de nombres en ne gardant que les multiples de 9. Puis recommence avec les multiples de 2.**

4 - 9 - 18 - 21 - 27 - 29 - 33 - 36 - 45 - 52 - 54 - 63 - 72

....

....

....

....

3 **Si tu colories dans l'ordre les cases contenant un multiple de 6, tu trouveras le chemin** jusqu'à la sortie (les diagonales sont interdites).

Entrée

6	16	42	48	54
12	18	36	46	60
26	24	30	62	66

Sortie

4 **Quel est ce nombre ?**

Il est plus petit que 65.
C'est un multiple de 7.
La somme de ses chiffres est 13.

....

5 À la kermesse de l'école, le ticket d'entrée coûte 5 F. **Combien de tickets peut-on acheter pour 60 F ?**

....

....

....

Étude

Pour trouver le trésor, colorie dans l'ordre tous les multiples de 7.

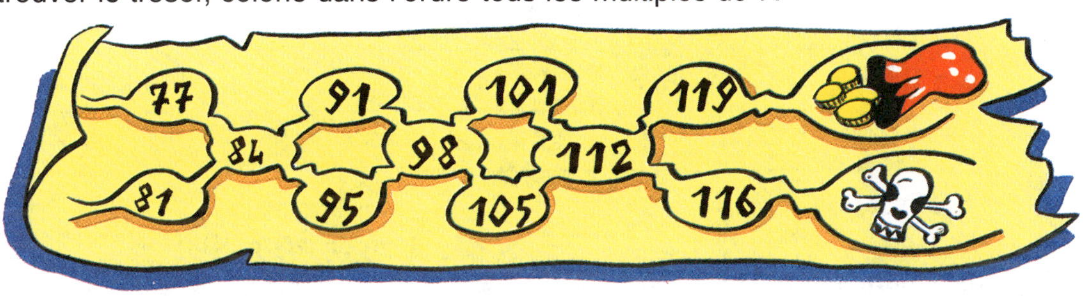

J'évalue mon travail

Je compte le nombre de réponses justes. [/7]

- *Durée conseillée : 15 min* *J'ai mis moins de 15 min* ❐ *J'ai mis plus de 15 min* ❐
- *Aides possibles : la table de Pythagore* ❐ *un camarade* ❐ *le maître* ❐

Activités complémentaires, guide pédagogique, leçon 48.

49 Approche de la division

▶ Calcul réfléchi, séquence 49 p. 144.

Jeu de cartes

Ce soir, toute la famille décide de jouer aux cartes : Papa, Maman, Christophe, Caroline et Benjamin. Christophe distribue le jeu de 32 cartes.

• **Complète le tableau.**

	Nombre de cartes reçues par personne	Nombre de cartes distribuées	Cartes restant à distribuer
après le 1er tour	1 carte	$1 \times 5 = 5$	$32 - 5 = 27$
après le 2e tour	2 cartes	$2 \times 5 = 10$	22
après le 3e tour			
après le 4e tour			
après le 5e tour			
après le 6e tour			

Christophe ne peut distribuer que .... cartes. Il reste .... cartes non distribuées.

• **Complète l'égalité.**

32 = (5 × ....) + ...

Si Christophe avait distribué les cartes en un seul tour, il aurait donné à chacun un paquet de .... cartes.

Repères

Je comprends

Avec une table de multiples, je peux effectuer plus rapidement un partage.

▶ Je distribue 32 cartes entre 5 personnes.

×5							
	1	2	3	4	5	6	7
	5	10	15	20	25	30	35

Trop grand : 35 > 32

Je m'arrête à 30. 5 × 6 = 30

32 = (5 × ....) + ...

Il reste 2 cartes. Chaque personne reçoit .... cartes.

▶ Je fais un autre partage avec 52 cartes.

Demain je saurai...

Utiliser une table de multiples pour effectuer un partage.

Activités préparatoires, guide pédagogique, leçon 49.

Exercices

1 Dimitri invite 14 camarades à son anniversaire. Ils sont donc 15 au total. Pour faire un jeu, il doit constituer des équipes de 4. **Combien y aura-t-il d'équipes ? Y aura-t-il des camarades sans équipe ?**

....

....

....

....

2 Le directeur de l'école Jules-Ferry distribue 60 dictionnaires dans les 7 classes.
Combien chaque classe recevra-t-elle de dictionnaires ? En restera-t-il ?

....

....

....

....

....

3 Avec 200 F, combien pourrai-je acheter de livres à 15 F ?
Combien d'argent me restera-t-il ?

....

....

....

....

....

4 Pour le mariage d'Isabelle Garnère, 72 personnes sont invitées.

Si Isabelle choisit de faire des tables de 6 personnes, **combien de tables doit-elle prévoir ?**

....

Et si elle choisit des tables de 9 personnes ?

....

Et si elle choisit des tables de 12 personnes ?

....

Étude

Les billets de la tombola de l'école sont vendus 12 F.
Chloé a 108 F, Fabrice 130 F, Jérôme 144 F.

1. Combien chacun peut-il acheter de billets ?
2. Combien de billets les 3 camarades ont-ils achetés en tout ?
3. Combien d'argent ont-ils fait entrer dans la caisse de l'école ?

....

....

....

....

....

J'évalue mon travail

Je compte le nombre de réponses justes (2 points par réponse). /6

- *Durée conseillée : 15 min* — *J'ai mis moins de 15 min* ☐ — *J'ai mis plus de 15 min* ☐
- *Aides possibles : la table de Pythagore* ☐ — *un camarade* ☐ — *le maître* ☐

Activités complémentaires, guide pédagogique, leçon 49.

50 Résoudre des situations de division (3)

Calcul réfléchi, séquence 50 p. 144.

Les as du calcul

Trois élèves, Aurélie, Béatrice et Charlotte, cherchent la réponse à ce problème :
« Cinq enfants se partagent 146 images. Quelle est la part de chacun ? »
Observe et complète les calculs de chacune de ces élèves.

• Voici la solution et les calculs de Béatrice.

Chaque enfant aura 30 images.

5 × 10 = 50

5 × 10 = 50

5 × .... = 50

5 × 30 = ...

« C'est trop grand ! » dit la maîtresse.

• Voici la solution et les calculs de Charlotte.

Chaque enfant aura 28 images.

5 × 20 = 100

5 × 8 = ...

5 × 28 = ...

« C'est trop petit ! » dit la maîtresse.

• Voici la solution et les calculs d'Aurélie.

5 × 20 = ...

5 × 9 = ...

....

Chaque enfant aura .... images.

« C'est très bien ! » dit la maîtresse.

Aurélie a vérifié : 100 + ... + ... = 146

• À toi de résoudre à ta façon ce problème : « Comment partager 158 images entre 7 enfants ? »
Écris tous tes calculs. Puis compare avec tes camarades.

....

....

Repères

Je comprends

Pour résoudre une situation de partage, je peux tâtonner pour trouver rapidement le résultat. Pour cela, j'utilise les tables et des calculs rapides. Par exemple : 111 à partager en 8.

▶ 8 × 10 = 80 et 8 × 4 = 32 — 80 + 32 = 112 → C'est trop grand !

▶ 8 × 10 = 80 et 8 × 3 = 24 — 80 + 24 = ... → Il reste .... que je ne peux pas partager.

111 = (......... × ....) + ...

Demain je saurai...

Résoudre plus rapidement des situations de division.

Exercices

1 Un pâtissier veut ranger 92 petits fours dans des boîtes de 8.
Combien de boîtes peut-il remplir ?

....

....

....

....

2 Quatre maîtresses se partagent cent vingt-neuf dictées à corriger.
Combien de dictées doivent-elles lire chacune ?

....

....

....

....

3 **Combien de bouteilles de 2 litres peut-on remplir avec 123 litres de jus de fruits ?**

....

....

....

....

4 Un apiculteur range 185 pots de miel dans des cartons de 6.
Combien de cartons remplira-t-il ?

....

....

....

....

5 Un producteur a récolté 255 kg de pommes dans son verger. Il a réparti sa récolte dans des cageots contenant 15 kg.
Combien a-t-il utilisé de cageots ?

....

....

....

Étude

– Une secrétaire pèse du courrier. Elle lit 180 grammes sur la balance.
Chaque lettre pèse 20 grammes.

Combien y a-t-il de lettres ?

....

– 172 élèves sont réunis sur le stade pour une rencontre sportive.
Ils sont répartis par équipes de 5.

Calcule le nombre d'équipes complètes.

....

J'évalue mon travail

Je compte le nombre de réponses justes. | /2 |

- *Durée conseillée : 10 min* — *J'ai mis moins de 10 min* ☐ — *J'ai mis plus de 10 min* ☐
- *Aides possibles : la table de Pythagore* ☐ — *un camarade* ☐ — *le maître* ☐

7 ÉNIGMES À RÉSOUDRE EN ÉQUIPES

MON ÉQUIPE

Règle du jeu : cf. p. 3.

Durée : 60 min

Ma classe se partage en .... équipes de .... joueurs qui vont s'affronter.

Prénoms des camarades de mon équipe et numéros des énigmes qu'ils vont résoudre :

....

....

....

1 Les jetons

10 POINTS

Au début du jeu, chaque joueur reçoit 100 jetons de 4 couleurs : jaune, vert, bleu et rouge. Les jetons jaunes valent 1 point ; les verts 2 points ; les bleus 5 points et les rouges 10 points. Sachant que tous les joueurs disposent d'un nombre égal de jetons de chaque couleur, **calculez le nombre de points de chaque joueur en début de partie.**

Réponse : Chaque joueur a .... points en début de partie.

2 Le loto des chiffres

20 POINTS

Chaque roue a tourné et s'est arrêtée sur un chiffre.
Écrivez 16 nombres différents que l'on peut écrire en utilisant pour chacun ces 4 chiffres. Écrivez vos réponses sur une feuille de papier.

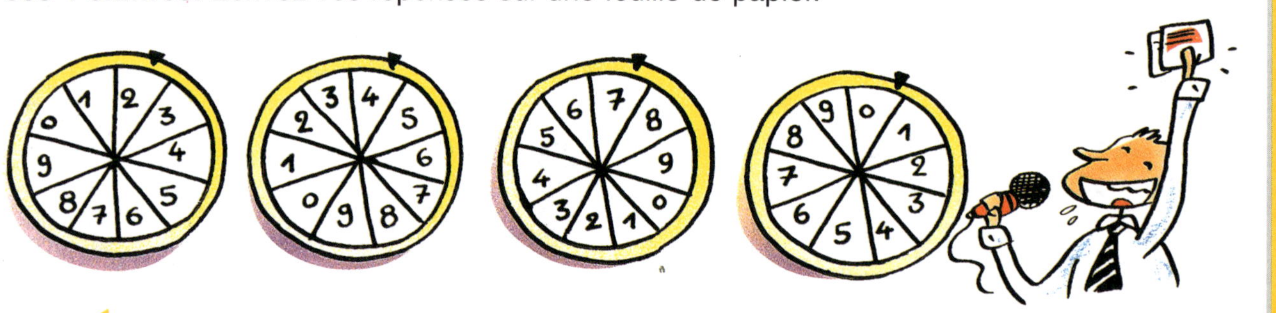

3 Drôle de partage !

20 POINTS

En se promenant avec son ami Martin, Emma trouve un paquet de 50 billes.
« On les partage ! » s'exclame Martin.
Emma lui propose :
« On divise les billes en 3 parts égales. Si à la fin il reste des billes, elles sont pour toi.
Ensuite tu prends une part et moi les 2 autres car c'est moi qui ai trouvé le paquet !
– D'accord », dit Martin.
Combien de billes aura chaque enfant ?

Emma : .... Martin : ....

4 Ça balance ! — 20 points

Observez ces pesées et **dessinez ensuite les boules rouge, verte et bleue sur les plateaux vides.** Attention ! Ne placez qu'une boule par plateau.

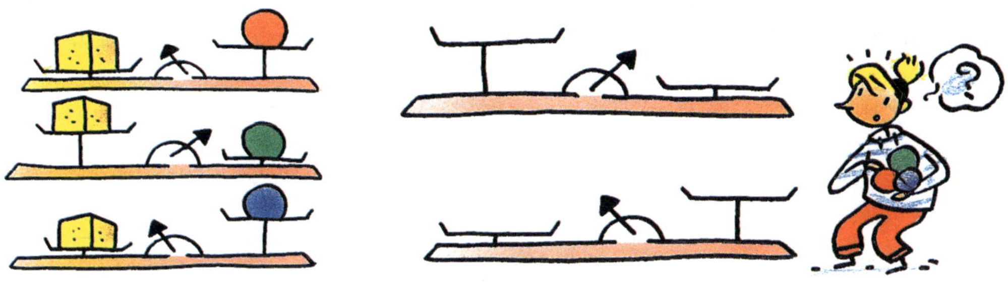

5 Les cadres — 25 points

Reliez chaque tableau à la baguette qui permettra de l'encadrer.

6 Le bon compte — 25 points

Comment trouver le nombre 300 en utilisant tous les nombres encadrés ?

2	4	5	5	6

....

7 Le goûter partagé — 30 points

Arnaud a invité 3 camarades à goûter. Il s'aperçoit qu'il ne reste qu'une part de tarte aux pommes, une autre de flan, un esquimau au chocolat et une pomme.
Clémence vient de se faire soigner les dents. Elle ne peut manger ni chaud ni glacé et doit éviter ce qui est dur.
Arnaud aurait bien mangé une des pâtisseries, mais il n'en fait rien car ses 2 amies les désirent.
Flavien n'aime pas les pommes, contrairement à Élodie.

Retrouvez ce que chacun a mangé.

Arnaud	Clémence	Flavien	Élodie ....

Calcul du score de mon équipe

Énigmes	1	2	3	4	5	6	7	TOTAL
Points								

Évaluation 5

1 *Je sais **classer** les triangles.*

Écris le nom de chaque triangle.

- triangle quelconque
- triangle rectangle
- triangle rectangle isocèle
- triangle isocèle

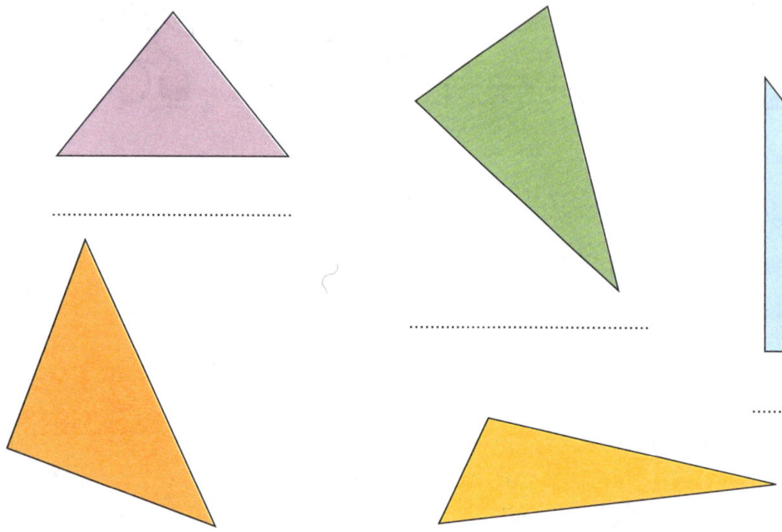

Colorie le nombre de réponses justes.

2 *Je sais **calculer** un périmètre.*

Range ces figures dans l'ordre croissant de leur périmètre.

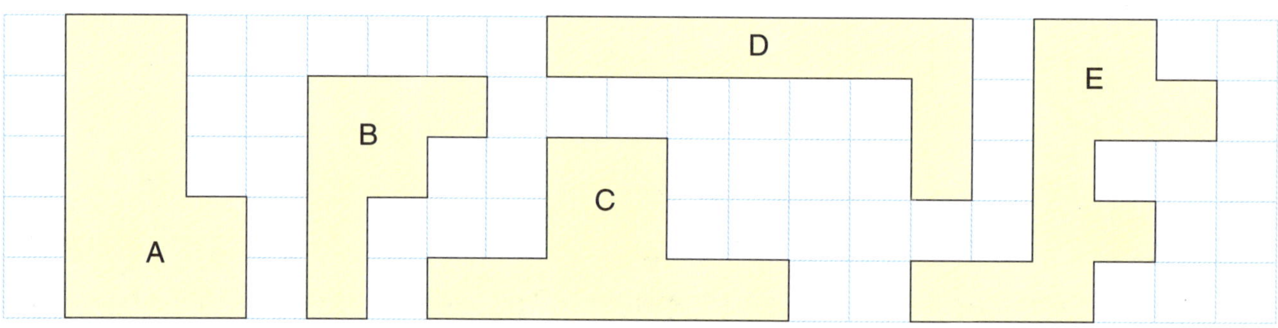

.... Colorie le nombre de réponses justes.

3 *Je sais **trouver** les multiples d'un nombre.*

Pour chaque ligne, **barre l'intrus.**

6	12	16	24	30	42
4	8	16	18	32	64
7	21	27	42	70	84

3	6	12	19	21	33
8	16	24	30	48	80

Colorie le nombre de réponses justes.

4 Je sais **résoudre** un problème de partage.

Réponds aux questions.

J'ai acheté 7 paquets de gâteaux pour 84 francs. Quel est le prix d'un paquet ? ....

Je partage également les paquets avec mes deux frères.

Combien de paquets aurons-nous chacun ? .... Restera-t-il des paquets ? ....

Il y a 30 gâteaux par paquet. Si je partage les gâteaux restants, combien de gâteaux chacun de nous trois recevra-t-il ? ....

Combien restera-t-il de gâteaux ? ....

Colorie le nombre de réponses justes.

5 Je sais **résoudre** un problème de division.

Le pédiatre reçoit cinq enfants dans l'après-midi. **Quel est leur âge en années ? Complète le tableau.**

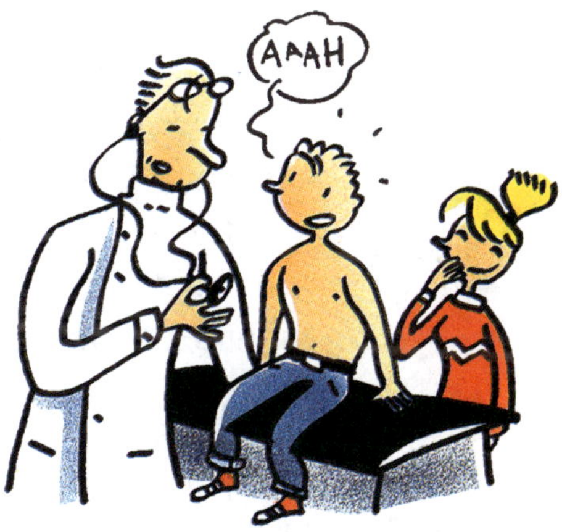

Victor	24 mois	.... années
Pauline	36 mois	.... années
Christophe	12 mois	.... années
Virginie	72 mois	.... années
Camille	48 mois	.... années

Colorie le nombre de réponses justes.

Je Fais Mon Bilan

Pour chaque exercice, colorie la case qui correspond à ton résultat.

Exercice **1**	Je classe les triangles.					
Exercice **2**	Je calcule un périmètre.					
Exercice **3**	Je trouve les multiples d'un nombre.					
Exercice **4**	Je résous un problème de partage.					
Exercice **5**	Je résous un problème de division.					

▶ **Reporte tes résultats** à la fin de ton fichier.

Calcul réfléchi 5

41 **Multiplier** par 1 000.

Huit multiplié par mille ?

$6 \times 1\ 000 = \square$

$\square \times 1\ 000 = 5\ 000$

$9 \times 1\ 000 = \square$

$\square \times 1\ 000 = 10\ 000$

$8 \times 1\ 000 = 8\ 000$; ....

42 **Trouver** la moitié de…

Quelle est la moitié de quatre-vingts ?

60

100

300

1 000

80 = 40 + 40 ; ....

43 **Trouver** la moitié de…

trente-six

quarante-quatre

soixante-deux

quatre-vingt-huit

quatre-vingt-dix

18 ; ....

44 **Trouver** le multiple de 3.

Quel est le multiple de 3 compris entre 19 et 23 ?

$11 < \square < 14$

$16 < \square < 20$

$23 < \square < 26$

$25 < \square < 29$

$19 < \boxed{21} < 23$; ....

45 **Trouver** le multiple de 5.

Quels sont les multiples de 5 entre 30 et 45 ?

entre 55 et 75

entre 230 et 280

entre 120 et 140

entre 1 000 et 1 055

30 - $\boxed{35}$ - $\boxed{40}$ - 45 ; ....

46 **Partager** en 3.

quinze

vingt et un

dix-huit

douze

vingt-quatre

$15 = 3 \times \boxed{5}$; ....

47 **Calculer** avec la multiplication et l'addition.

Comment obtenir 28 avec 3, 8, 4 ?

30 avec 4, 2, 7

34 avec 6, 4, 5

26 avec 6, 4, 5

18 avec 7, 2, 4

$(3 \times 8) + 4 = 28$; ....

48 **Trouver** les multiples de 25.

Quels sont les multiples de 25 entre 150 et 75 ?

entre 225 et 150

entre 300 et 250

entre 475 et 400

entre 1 025 et 950

150 - $\boxed{125}$ - $\boxed{100}$ - 75 ; ....

49 **Calculer** avec la multiplication et l'addition.

Comment obtenir 39 avec 4, 9, 3 ?

54 avec 10, 4, 5

61 avec 1, 20, 3

250 avec 50, 2, 100

160 avec 10, 3, 50

$(4 \times 9) + 3 = 39$; ....

50 **Trouver** l'ordre de grandeur.

210×20	400	4 000	2 200
83×50	4 000	8 150	5 000
120×12	1 200	2 200	2 100
490×9	4 500	8 100	3 800

210 proche de 200

$200 \times 20 = \boxed{4\ 000}$; ....

* Gamme complète d'activités, guide pédagogique, calcul réfléchi.

Avant l'écriture des nombres

On croit que les nombres et les chiffres ont toujours existé ; pourtant, pendant très longtemps, les hommes n'ont su ni lire, ni écrire, ni compter.

■ Il y a plus de 20 000 ans, les hommes utilisaient déjà des cailloux pour compter les animaux tués à la chasse : un caillou représentait un animal tué. Ils faisaient aussi des entailles sur un os : une entaille représentait un animal tué.

Doc. 1 - Un os entaillé

■ L'homme pouvait aussi compter avec les doigts de ses mains ou avec ses orteils, et même avec son corps comme dans cette tribu de Papouasie.

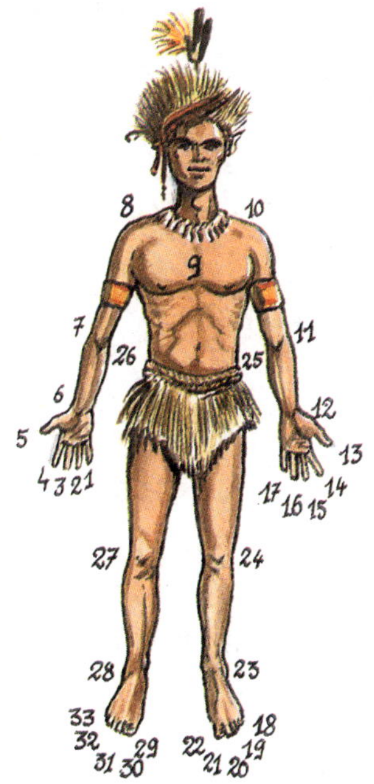

Doc. 2 - Le corps humain servait à compter.

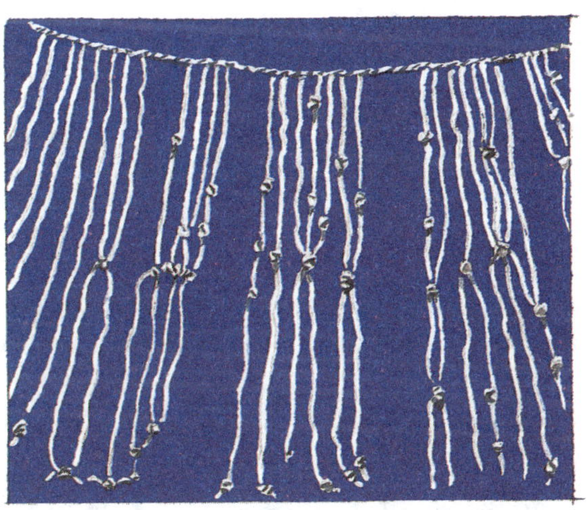

■ Pour représenter les nombres, jusqu'au XVIe siècle, en Amérique latine, les Incas faisaient des nœuds sur de longues ficelles de différentes couleurs qu'ils appelaient « quipus ». Le nombre de nœuds et leur position indiquaient les quantités.

Doc. 3 - La représentation des nombres chez les Incas

▶ Combien y a-t-il d'entailles sur l'os du document 1 ?

Réponse : 31 entailles.

Les signes écrits

Il y a 5 000 ans, pour écrire le nombre 14 par exemple, il fallait graver sur une tablette de terre cuite 14 bâtons ou 14 signes identiques. C'était long et compliqué ! Alors les hommes ont eu l'idée de créer des symboles pour représenter des groupements.

■ **Les Égyptiens** représentaient une dizaine par une anse ∩, une centaine par une spirale, un millier par une fleur de lotus, etc.

Pour lire les nombres, les Égyptiens faisaient la somme de tous les signes.
La lecture est plus facile lorsque les mêmes signes sont regroupés et ordonnés suivant leur valeur (d'où l'idée de position des chiffres) :

$(4 \times 1\,000) + (5 \times 100) + (2 \times 10) + 2$

Doc. 4 - Les nombres égyptiens

▶ Quel est le nombre écrit ici ? ______

Réponse : 4 622

■ **Les Romains** ont utilisé certaines lettres :

I = 1 ; V = 5 ; X = 10 ; L = 50 ; C = 100 ; D = 500 ; M = 1 000

Ils écrivaient d'abord les chiffres les plus grands. Ainsi, MMCCCLXXIII désigne 2 373.
Mais, comme c'était un peu long, au Moyen Âge des savants ont raccourci les nombres en inventant des règles. Ils soustrayaient le chiffre placé à gauche d'un chiffre plus grand et ils l'ajoutaient quand il était placé à sa droite :

IV = 4 ; XL = 40 ; VI = 6 ; LX = 60

Doc. 5 - Le fronton d'une école

▶ Quelle est la date de construction de cette école ? ______

Réponse : 1914

■ **Aujourd'hui**, nous utilisons les chiffres arabes. Ils sont apparus vers l'an 500 en Inde et ont été connus très tôt autour de la Méditerranée, en particulier par les marchands et les savants arabes. Ils sont utilisés dans toute l'Europe depuis le XVe siècle.

Doc. 6. - Les chiffres venus de l'Inde et les chiffres arabes

La numération (1)

CE QU'IL FAUT RETENIR

Les nombres écrits avec des chiffres et des mots

	Avec des chiffres	Avec des mots
Pour compter de 0 à 9	0, 1, 2, 3, 4, 5, 6, 7, 8, 9	zéro - un - deux - trois - quatre - cinq - six - sept - huit - neuf
Pour compter jusqu'à 99	pas de nouveaux chiffres mais une position différente des chiffres	dix - onze - douze - treize - quatorze - quinze - seize... vingt - trente - quarante - cinquante - soixante...
Pour compter jusqu'à 999		cent
Pour compter jusqu'à 10 000		mille

Le tableau de numération

mille	centaines	dizaines	unités	
7	2	4	1	sept mille deux cent quarante et un
2	0	3	5	deux mille trente-cinq
5	9	0	1	cinq mille neuf cent un
8	0	7	0	huit mille soixante-dix

La valeur des chiffres dans le nombre (Attention à la position des chiffres !)

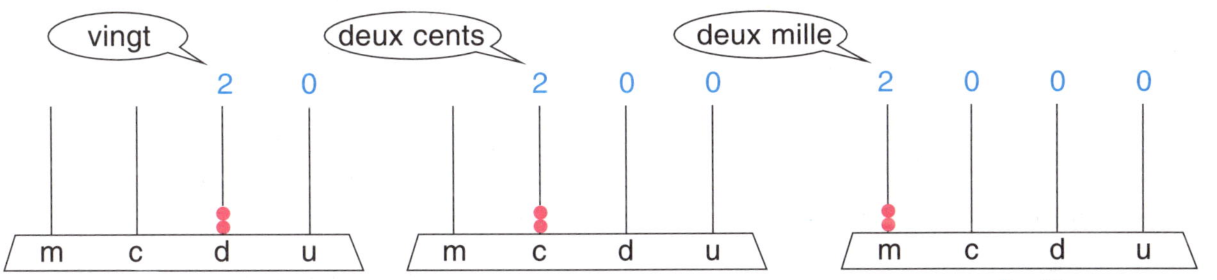

2 dizaines
ou 20 unités

2 centaines
ou 20 dizaines
ou 200 unités

2 mille
ou 20 centaines
ou 200 dizaines
ou 2 000 unités

Les signes de comparaison

le signe < plus petit que	le signe > plus grand que	le signe = égal à
63 < 100	100 > 63	60 + 3 = 63

On place toujours l'ouverture du signe du côté du nombre le plus grand.

l'ordre croissant

du plus petit au plus grand
51 - 135 - 810

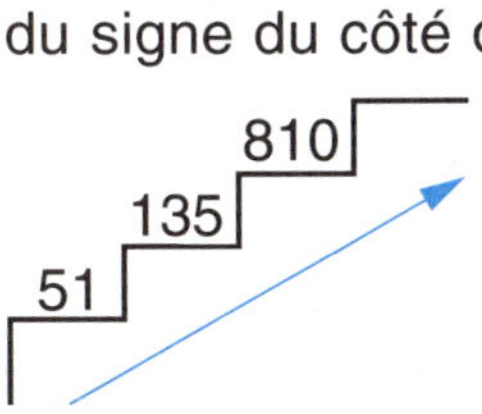

l'ordre décroissant

du plus grand au plus petit
810 - 135 - 51

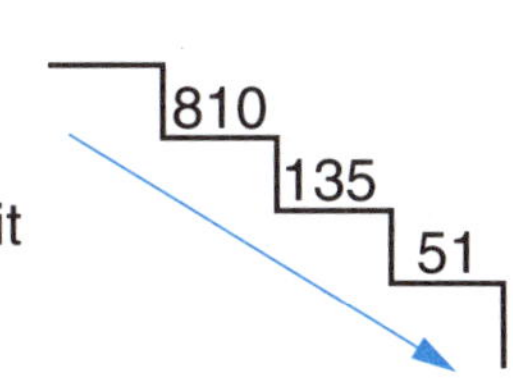

La numération (2)

CE QU'IL FAUT SAVOIR FAIRE

Écrire un nombre de différentes façons

En utilisant les cartons des nombres ou un tableau

Cartons : 3 0 0 0 — 4 0 0 — 5 0 — 7

m	c	d	u
trois mille	quatre cent	cinquante	sept
3	4	5	7

3 000 + 400 + 50 + 7

(3 × 1 000) + (4 × 100) + (5 × 10) + 7

En calculant

3 450 + 7 — 3 400 + 57 — 3 000 + 457 — 3 460 – 3 — 3 456 + 1 — 1 000 + 2 457

Comparer des nombres

Si le nombre de chiffres est différent, alors le nombre le plus petit est celui qui a le moins de chiffres.

3 214 (4 chiffres) — 799 (3 chiffres) → 799 < 3 214

Si le nombre de chiffres est le même, voici comment procéder :

- On compare le chiffre des mille
  - → Le chiffre des mille est différent : 8 721 et 9 001 ; 8 < 9 alors 8 721 < 9 001
  - → Le chiffre des mille est le même
- On compare le chiffre des centaines
  - → Le chiffre des centaines est différent : 8 321 et 8 401 ; 3 < 4 alors 8 321 < 8 401
  - → Le chiffre des centaines est le même
- On compare le chiffre des dizaines
  - → Le chiffre des dizaines est différent : 7 421 et 7 490 ; 2 < 9 alors 7 421 < 7 490
  - → Le chiffre des dizaines est le même
- On compare le chiffre des unités
  - → Le chiffre des unités est différent : 5 875 et 5 871 ; 1 < 5 alors 5 871 < 5 875
  - → Le chiffre des unités est le même. Les nombres sont identiques : 8 431 = 8 431

Ordonner des nombres

dans l'ordre croissant

751 < 6 175 < 6 574 < 7 651

dans l'ordre décroissant

7 651 > 6 574 > 6 175 > 751

Encadrer un nombre

On écrit le nombre qui vient juste avant et celui qui vient juste après :

3 899 < 3 900 < 3 901 — 7 450 < 7 451 < 7 452

Les techniques opératoires

CE QU'IL FAUT SAVOIR FAIRE

Quelles opérations puis-je faire avec les nombres 128 et 47 ?

Si j'ajoute → J'additionne (+)

Dispose bien les chiffres les uns sous les autres. N'oublie pas les **retenues** !

$$\begin{array}{r} \overset{1}{1}28 \\ +\ 47 \\ \hline 175 \end{array}$$

Si j'enlève ou si je retranche → Je soustrais (–)

Le plus grand nombre se place toujours au-dessus. N'oublie pas les **retenues** !

$$\begin{array}{r} 128 \\ -\ {}^{1}47 \\ \hline 081 \end{array}$$

Si j'ai plusieurs fois la même chose → Je multiplie (×)

N'oublie pas que tu multiplies par 40 et par 7. Attention aux **retenues** !

$$\begin{array}{r} 128 \\ \times\ 47 \\ \hline 896 \\ +\ 5120 \\ \hline 6016 \end{array}$$

Pour toutes les opérations, tu peux utiliser la calculette pour vérifier tes calculs ou effectuer des opérations avec des grands nombres.

CE QU'IL FAUT RETENIR

Les tables d'addition

Exemple : la table de 7

0 + 7 = 7
1 + 7 = 8
2 + 7 = 9
3 + 7 = 10…

J'ajoute 7 à la liste des nombres de 0 à 10.

Les tables de multiplication

Exemple : la table de 7

7 × 0 = 0
7 × 1 = 7
7 × 2 = 14
7 × 3 = 21…

Je compte de 7 en 7.

Avec une calculette

J'appuie sur ON
J'appuie sur 1 2 8
J'appuie sur + ou – ou ×
J'appuie sur 4 7
J'appuie sur =
Je lis le résultat à l'écran. OFF

▶ Calcule à ton tour avec une calculette !
Tape 11 × 11. Quel chiffre nouveau vois-tu apparaître dans le résultat ?
Continue avec 111 × 111, 1 111 × 1 111…
Curieux !

Réponse : les chiffres vont dans l'ordre croissant puis décroissant : 121, 12 321, 1 234 321…

Résolution de problèmes

Les problèmes d'autrefois

Au XIXe siècle

On écrivait à l'aide d'un porte-plume.
Il y a quatre-vingt-six plumes dans cette boîte. On en prend *une*. Combien en reste-t-il ?

On jouait déjà aux billes.
En se mettant au jeu, Louis avait 17 billes. Il en a perdu 8. Combien lui en reste-t-il ?

On commençait à installer l'éclairage public.
Cette ville a fait poser 308 réverbères qui coûtent chacun 87 F. Combien a-t-elle dépensé ?

À la maison, on s'éclairait avec des lampes à pétrole.
Chacun de ces 7 bidons contient 2 l de pétrole. Combien en contiennent-ils tous ensemble ?

Ou encore...
Ce paresseux a perdu 3 h à jouer, 1 h à se promener et 3 h à dormir. Combien d'heures a-t-il perdues en tout ?

Combien faut-il de traits de scie pour partager une bûche en *quatre* morceaux ?

En partageant des fruits entre 23 élèves, on a trouvé que chacun en avait 7. Quel était le nombre de ces fruits ?

Problèmes tirés de *L'Arithmétique des écoles primaires* de Désiré André, Librairie classique Eugène Belin, 1883.

Un problème encore plus ancien

On feint qu'une mule allant avec une ânesse se plaignait d'être trop chargée, et que la mule dit à l'ânesse : « Si je t'avais donné un de mes sacs, nous en aurions autant l'une que l'autre, et si tu m'en avais donné un des tiens, j'en aurais le double de toi. »
On demande combien chacune portait de sacs.

D'après Antoine Arnauld, *Nouveaux éléments de Géométrie*, 1667.

Un problème humoristique

Pour atteindre des médicaments haut placés le pharmacien gravit par jour 50 fois 2 mètres sur son échelle. Calculez le nombre de semaines qu'il faut au pharmacien pour atteindre la hauteur du mont Blanc (4 807 mètres). N'oubliez pas que le dimanche le pharmacien reste au sol !

D'après J.-L. Fournier, *Arithmétique appliquée et impertinente*, éd. Payot, 1993.

▶ *Résolvez collectivement ces différents problèmes au cours de l'année.*

Résoudre un problème

CE QU'IL FAUT RETENIR

■ Comment comprendre un énoncé et résoudre un problème ?

① Je lis l'énoncé.

Je lis l'histoire tout entière.
Je comprends la signification de chaque mot.
Je cherche ce que représente chaque nombre.

*Il est **14** heures. **50** personnes font la queue devant un cinéma où il ne reste **plus que 35** places libres. Un billet coûte **45** F. **Combien de personnes ne pourront pas entrer à cette séance ?***

② J'analyse la question.

Que me demande-t-on ?
Que dois-je savoir pour répondre à la question ?

Je cherche le nombre de personnes qui ne pourront pas entrer.
Je connais le nombre de personnes qui attendent et le nombre de personnes qui pourront entrer.

③ Je trie les données.

Données inutiles	Données utiles	Données manquantes Je fais les calculs intermédiaires nécessaires.
L'heure : 14 heures *Le prix du billet : 45 F*	*50 personnes* *35 places libres*	

④ J'effectue les calculs.

Je calcule de tête avec les petits nombres.
Je pose les opérations avec les grands nombres.

50 – 35 = ?
ou
35 + ? = 50

⑤ Je vérifie.

Je refais mes calculs ou je les vérifie avec une calculette.
Mes réponses sont-elles vraisemblables ?
Ai-je posé les bonnes opérations ?

J'ai trouvé 15.
15 + 35 = 50
15 < 50

⑥ Je présente mes résultats.

J'écris mes calculs et mes solutions au propre.

Réponse : 15 personnes ne pourront pas entrer.
Mes calculs : 50 – 35 = 15

▶ Remets dans l'ordre les différentes étapes pour résoudre un problème : effectuer les calculs - présenter les résultats - lire l'énoncé - vérifier - trier les données - analyser la question.

Réponse : relis bien ta fiche et tu trouveras la réponse.

Géométrie

L'histoire de la géométrie

Le mot « géométrie » vient d'un mot grec qui signifie « mesurer la terre ». C'est en effet la science des arpenteurs, des géomètres.

■ **En Égypte**, après chaque crue du Nil, les géomètres devaient à nouveau mesurer et calculer pour redistribuer les champs à leurs propriétaires.

Doc. 1 - Les géomètres égyptiens au travail

■ **Thalès, un savant grec**, a réussi à déterminer la hauteur d'une pyramide en partant de la mesure de son ombre sur le sol.

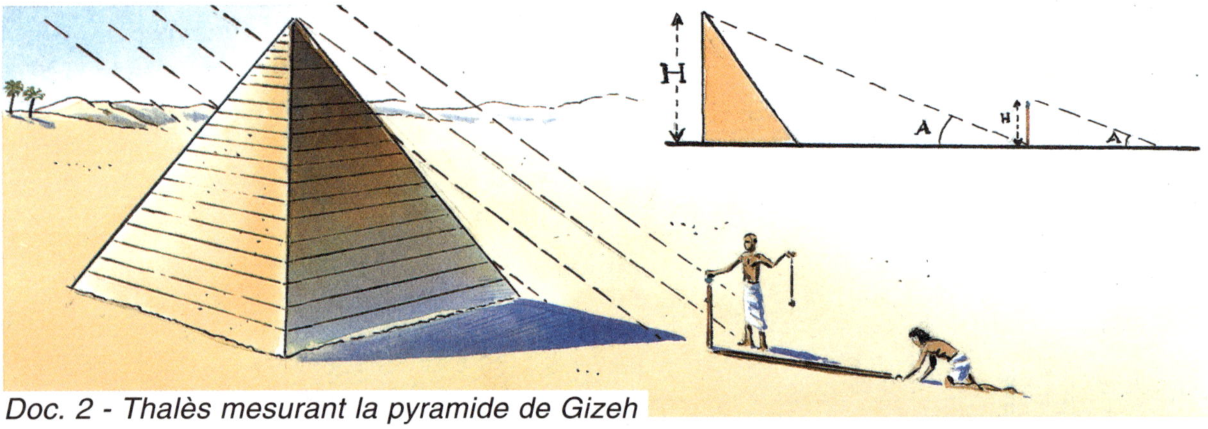

Doc. 2 - Thalès mesurant la pyramide de Gizeh

■ **En Chine**, **dans l'Antiquité**, apparaît le Tangram, sorte de puzzle dont les 7 pièces sont des figures géométriques que l'on assemble pour former des silhouettes.

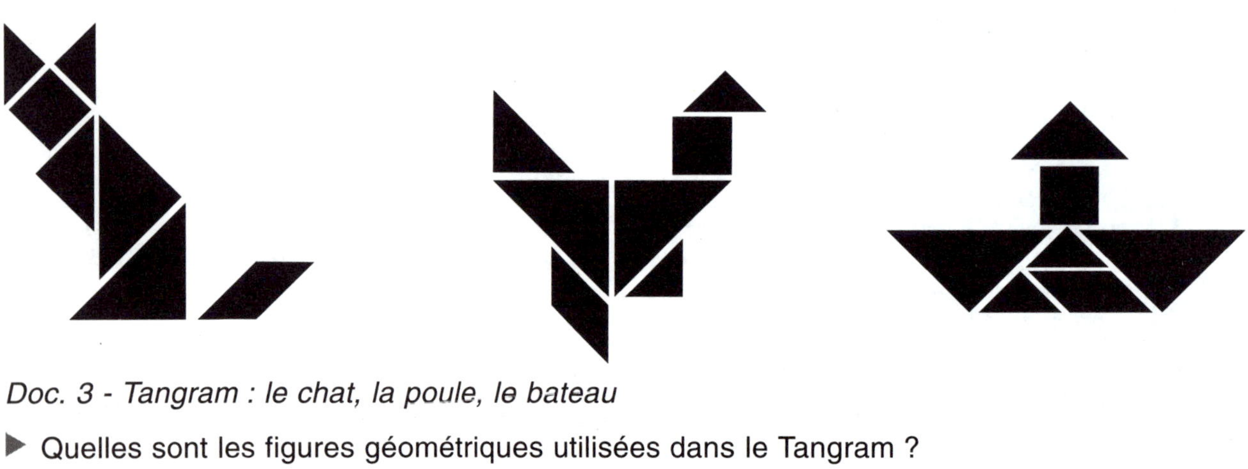

Doc. 3 - Tangram : le chat, la poule, le bateau

▶ Quelles sont les figures géométriques utilisées dans le Tangram ?

Réponse : des triangles et deux quadrilatères (dont un carré).

La géométrie autour de nous

La géométrie nous aide à comprendre le monde et ses structures.

Les arts

À la Renaissance, des artistes italiens utilisent des règles mathématiques pour composer leurs œuvres.

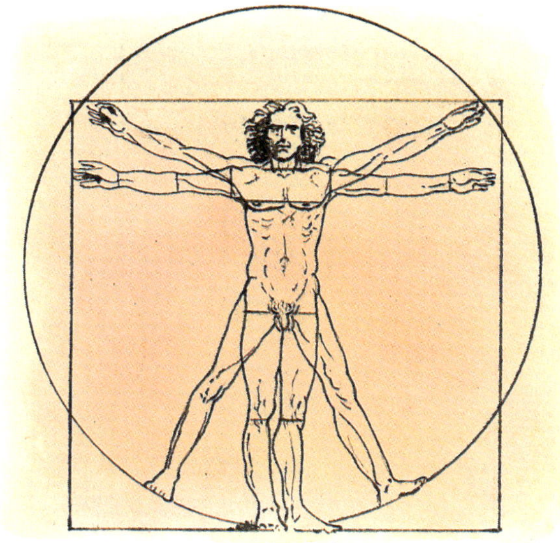

Doc. 4 : Proportion de la figure humaine vue par Léonard de Vinci

On retrouve de nombreuses formes géométriques dans des œuvres de tous les pays.

Doc. 5 - Motifs africains

Doc. 6 - Motifs islamiques

La nature

En observant très attentivement la nature qui nous environne, on trouve des formes géométriques complexes très belles que l'homme a souvent reproduites.

Doc. 7 - Un flocon de neige (vu au microscope)

Doc. 8 - Un diamant taillé par l'homme

▶ Dans quels documents vois-tu des éléments symétriques ?

Réponse : *dans tous les documents de cette fiche.*

Tracés géométriques

CE QU'IL FAUT SAVOIR FAIRE

■ Comment tracer des droites parallèles ?
Voici une autre technique que celle que tu as apprise en période 2, séquence 11.
Il te faut du papier uni et une équerre.

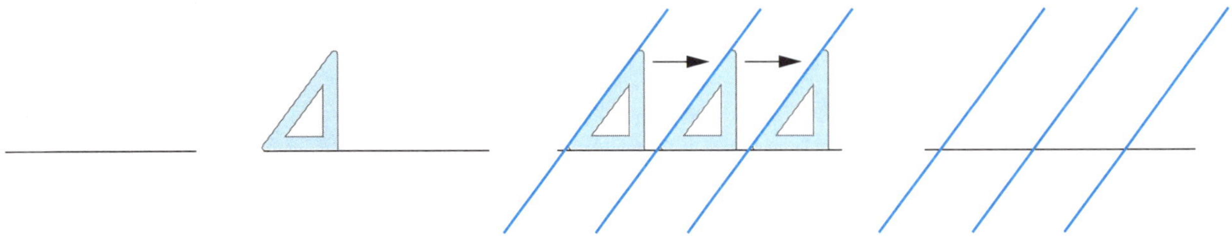

Je trace une droite à la règle.

Je place un côté de l'angle droit de l'équerre sur la droite.

Je fais glisser l'équerre le long de la droite.

J'ai tracé 3 droites parallèles.

▶ Je peux tracer des droites parallèles avec un seul instrument : l'équerre. Vrai ou faux ?

Réponse : vrai

■ Comment tracer des droites perpendiculaires ?
Voici une autre technique que celle que tu as apprise en période 2, séquence 11.

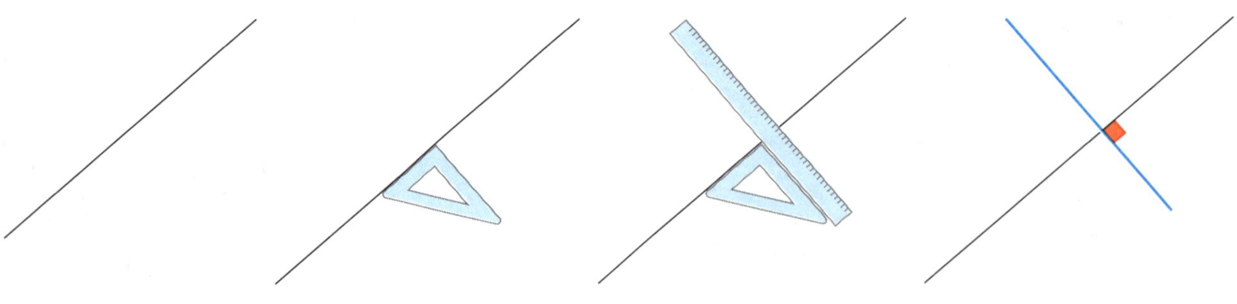

Je trace une droite à la règle.

Je place un côté de l'angle droit de l'équerre sur la droite.

Je trace la perpendiculaire avec la règle.

J'ai tracé 2 droites perpendiculaires.

▶ Je peux tracer des perpendiculaires uniquement avec ma règle. Vrai ou faux ?

Réponse : faux

Reproduction de figures

CE QU'IL FAUT SAVOIR FAIRE

Comment reproduire une figure simple ?
On peut utiliser :

• le quadrillage

Modèle / Reproduction

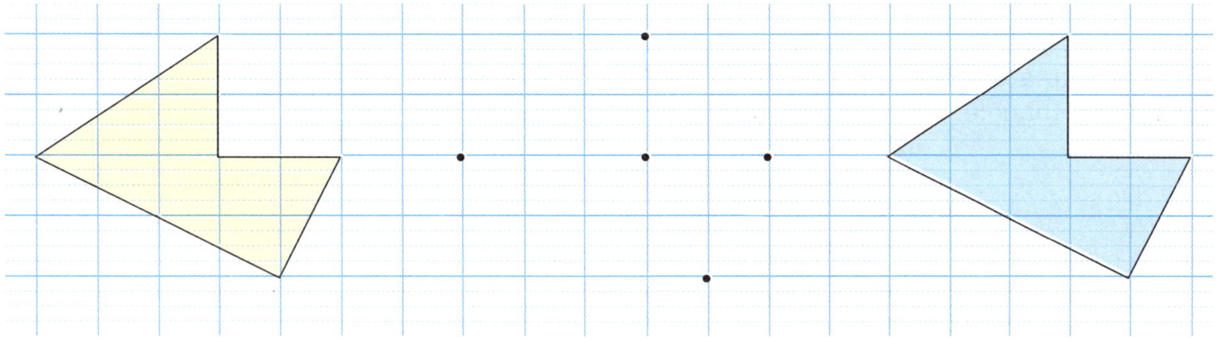

J'observe la position du modèle.

Je place des points de repère sur les nœuds du quadrillage.

Je joins les points à la règle dans l'ordre.

• le papier calque

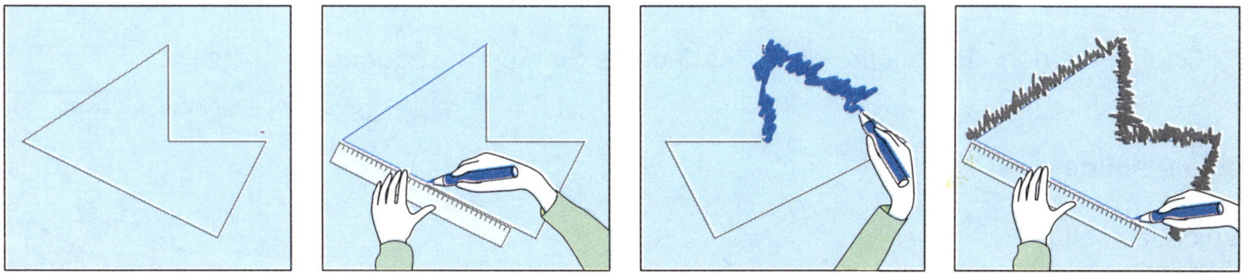

Je pose le calque sur la figure.

Je repasse le contour à la règle.

Je retourne ma feuille et je noircis le contour de la figure.

Je remets à l'endroit mon calque, je le pose sur une feuille blanche et je repasse à la règle le contour de la figure.

▶ Reproduire une figure, c'est réaliser sa copie conforme. Vrai ou faux ?

Réponse : vrai

Figures planes et solides

CE QU'IL FAUT RETENIR

Les figures planes

• Ces figures sont des polygones.

• Un polygone à 3 côtés s'appelle un triangle.

le triangle rectangle (1 des angles est un angle droit)

le triangle isocèle (2 côtés ont la même longueur)

le triangle équilatéral (3 côtés ont la même longueur)

le triangle rectangle isocèle (il a un angle droit et 2 côtés de la même longueur)

• Un polygone à 4 côtés s'appelle un quadrilatère.

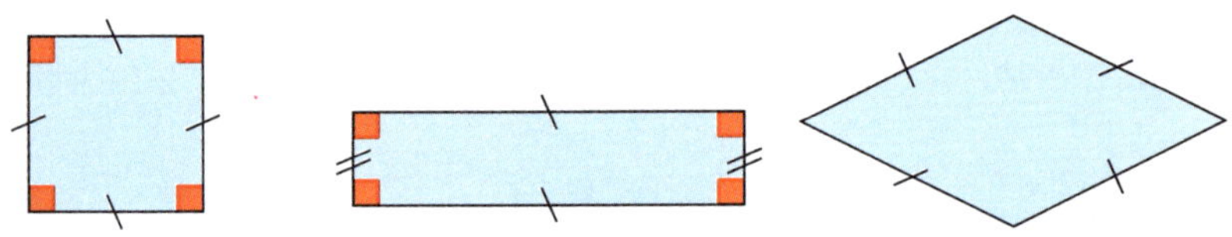

le carré (4 côtés égaux de même longueur)

le rectangle (les côtés opposés sont parallèles et de même longueur)

le losange (4 côtés de même longueur et parallèles 2 à 2)

▶ Quel est le nom de la figure qui a ses 3 côtés de même longueur ?

Réponse : le triangle équilatéral

Les solides

Voici des solides.
Ils occupent chacun un volume dans l'espace.

• Le cube et le pavé ont toutes leurs faces planes.
La boule n'a pas de face plane.

• Le pavé a 6 faces, 12 arêtes, 8 sommets.
Ses faces sont rectangulaires, identiques et parallèles 2 à 2.

• Le cube est un pavé particulier : toutes ses faces sont carrées.

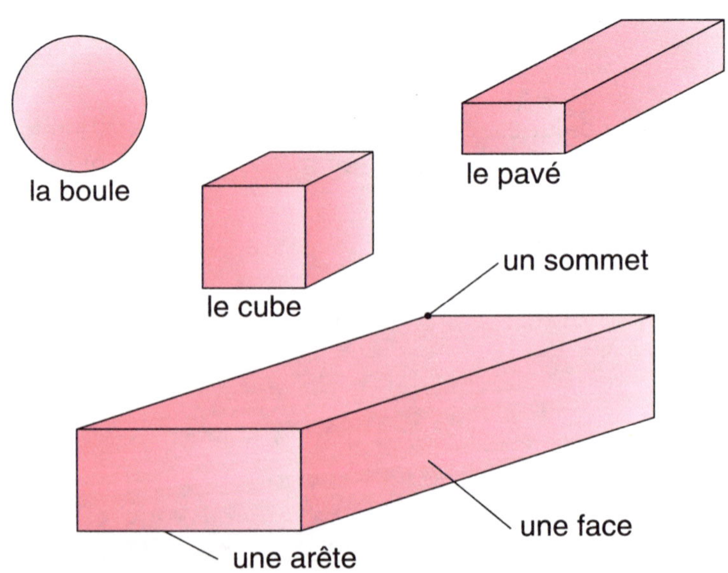

▶ Comment s'appelle le solide qui a toutes ses faces identiques ?

Réponse : le cube

Les mesures

Les longueurs

■ Dans le passé, pour mesurer des longueurs ou des distances, les hommes ont utilisé pendant très longtemps des unités qui correspondaient à des parties du corps. Ainsi, on a mesuré en pouce, en doigt, en pied, en palme (largeur d'une main), en coudée (distance du coude au bout des doigts de la main), en pas, etc.

Voici quelques exemples :

Les Égyptiens utilisaient la coudée.

Les Romains utilisaient le pas.

■ Le système métrique a été inventé pendant la Révolution.
Il est utilisé presque partout dans le monde, surtout depuis une centaine d'années.

Les masses

■ Aujourd'hui, nous achetons le sucre, le sel, la farine et toutes sortes d'aliments au poids.
Mais avant la Révolution, on mesurait ces produits dans des récipients : il y avait plusieurs façons de les mesurer en remplissant plus ou moins le récipient. Les gens étaient mécontents à cause des fraudes.
Il y avait aussi beaucoup d'unités de mesure : le muid, le setier, la chopine, le petit pot, la demoiselle, le picotin, etc.
On a alors décidé d'unifier toutes ces mesures en inventant **le kilogramme**.
1 kg, c'est la masse d'un litre d'eau.

Le système métrique à partir de 1793

▶ Combien pèsent 7 litres d'eau ?

Réponse : 7 kg

La durée

■ En 1792, à l'époque de la Révolution française, le calendrier était divisé en 12 mois de 30 jours, chaque mois étant partagé en 3 décades de 10 jours. 5 jours complétaient la fin de l'année.
Aujourd'hui, notre calendrier « grégorien » est employé presque partout. Mais chacune des grandes religions du monde a son propre calendrier pour prévoir et fixer les dates des fêtes :
– dans le calendrier juif, l'année 1999 correspond à l'année 5760 ;
– dans le calendrier musulman, l'année 1999 correspond à l'année 1420.

▶ À quelle année du calendrier juif correspondra l'année 2010 ?

Réponse : 5771

Les longueurs

CE QU'IL FAUT RETENIR

■ **L'unité de mesure de longueur est le mètre (m).**

• Il existe des unités plus petites que le mètre :

le décimètre (dm)
1 m = 10 dm

le centimètre (cm)
1 m = 100 cm

le millimètre (mm)
1 m = 1 000 mm

• Il existe des unités plus grandes que le mètre :

le kilomètre (km)
1 km = 1 000 m

CE QU'IL FAUT SAVOIR FAIRE

■ **Pour mesurer avec le double décimètre**, il faut savoir le positionner correctement, en commençant la mesure à partir du 0.

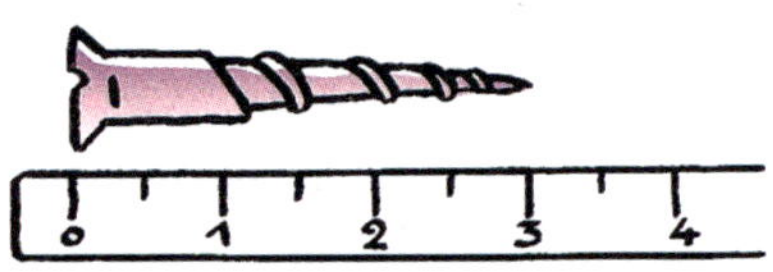

▶ Quelle est la longueur de cette vis ?

Réponse : 3 cm

■ **Pour trouver le périmètre d'un polygone**, il suffit de mesurer les longueurs des côtés et de les additionner.

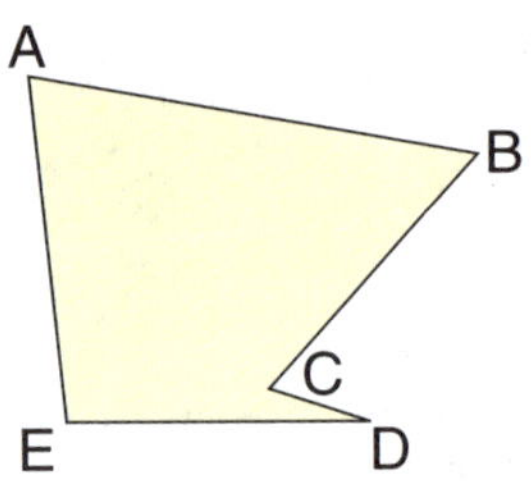

Périmètre de ABCDE = longueur de AB + longueur de BC + longueur de CD + longueur de DE + longueur de EA

■ **Pour calculer le périmètre de certains polygones réguliers**, on peut utiliser une formule :

périmètre du carré = longueur d'un côté × 4

$p = c \times 4$

▶ Combien mesure le périmètre d'un carré de 2 cm de côté ?

Réponse : $2 \times 4 = 8$ cm

■ **Pour mesurer le périmètre d'une figure courbe ou d'un cercle**, on peut utiliser de la ficelle ou un mètre ruban.
Pour mesurer le périmètre de ce cercle, on a utilisé une ficelle bleue.
Le périmètre de ce cercle mesure 6 cm.

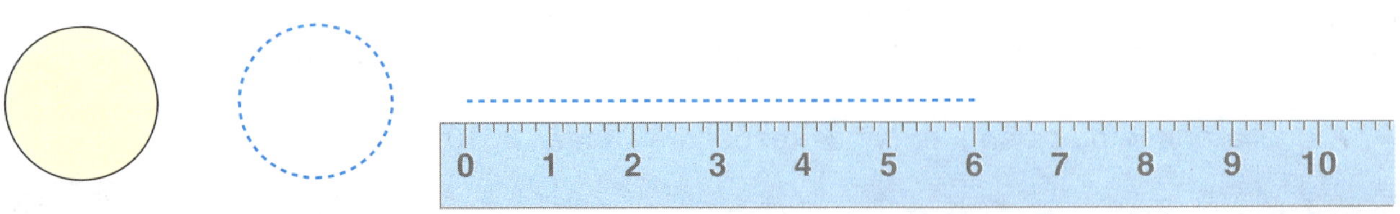

Les masses

CE QU'IL FAUT RETENIR

■ **L'unité de masse est le gramme (g).**
Le kilogramme (kg) est une unité de masse plus grande.

1 kg = 1 000 g
« kilo » signifie 1 000.

▶ Combien y a-t-il de grammes dans un kilo et demi ?

Réponse : 1 500 g

CE QU'IL FAUT SAVOIR FAIRE

■ **Pour peser un objet**, on peut utiliser une balance qui indique directement sa masse.

Balance électronique
Le poulet pèse 1 250 g.

Balance à aiguille
Le gruyère pèse 1 000 g.

On peut aussi utiliser une balance Roberval.

Les 2 plateaux doivent être au même niveau (en équilibre).

Le poulet pèse 1 kg + 200 g + 50 g
soit 1 kg 250 g ou 1 250 g

■ **Pour comparer la masse de 2 objets**, on peut effectuer 2 pesées successives.
On peut aussi comparer directement avec la balance Roberval.

Le plateau situé en bas est celui où est posé l'objet le plus lourd.

Le poulet est plus lourd que le gruyère.

Si les plateaux sont en équilibre, les objets ont la même masse.

▶ Charles est moins lourd que Maxime, qui est plus léger que Benjamin.
Quel est le plus lourd des 3 ?

Réponse : Benjamin

La durée

CE QU'IL FAUT RETENIR

■ Il existe différentes unités de temps.

La seconde (s)	
La minute (min)	1 min = 60 s
L'heure (h)	1 h = 60 min

Le jour (j)	1 j = 24 h
La semaine	Dans une semaine, il y a 7 jours.
Le mois	Dans un mois, il y a selon les cas 30 ou 31 jours (28 ou 29 en février).
L'année	Il y a 12 mois dans l'année.

■ Pour situer le moment d'un événement, on peut indiquer sa date (jour - mois - année) et son heure.
Exemple : Le 21 juillet 1969, à 3 h 56 min, heure française, l'homme posait pour la première fois le pied sur la Lune.

■ On peut aussi indiquer la durée d'un événement.
Exemple : Ce navigateur est resté seul en mer pendant 2 mois 6 jours 5 heures et 45 minutes.

▶ *Combien y a-t-il de secondes dans une heure ?*

Réponse : 60 × 60 = 3 600 secondes

CE QU'IL FAUT SAVOIR FAIRE

■ Indiquer l'heure de différentes façons.

Les minutes

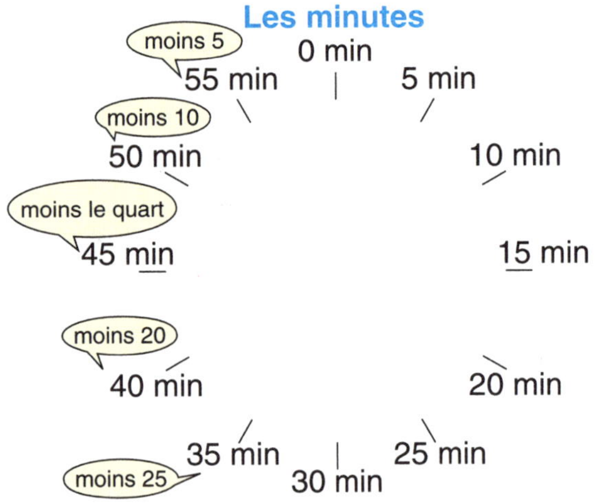

Les heures

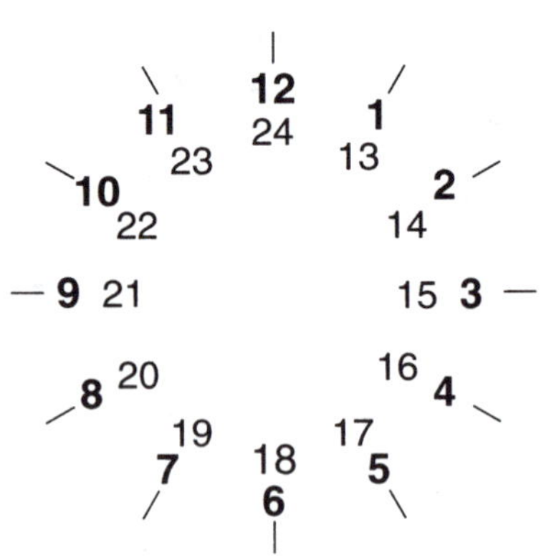

On peut dire :
« douze heures » ou « midi » ; « deux heures quinze » ou « deux heures et quart » ;
« zéro heure » ou « minuit » ; « huit heures trente » ou « huit heures et demi du matin » ;
« dix-neuf heures quarante-cinq » ou « huit heures moins le quart du soir ».

▶ Question 1 : Comment peut-on dire autrement « dix-huit heures cinquante » ?
Question 2 : Liliane lit les horaires de la SNCF. Elle veut prendre un train de nuit.
Doit-elle prendre celui de 11 h 15 ou celui de 23 h 15 ?

Réponse 1 : sept heures moins dix du soir
Réponse 2 : 23 h 15

N° de projet 10037873 (I) 65 (OSBN 90) - CGI - Février 1999
Imprimé par Vincenzo Bona

Fiche 1

PIÈCES ET BILLETS EN EUROS

Fiche à découper

5
012345678900
5 EURO ΕΥΡΩ

20
012345678900
20 EURO ΕΥΡΩ

10
012345678900
10 EURO ΕΥΡΩ

100
012345678900
100 EURO ΕΥΡΩ

50
12345678900
50

500
012345678900
500 EURO ΕΥΡΩ

200
012345678900
200

Fiche 2

PIÈCES ET BILLETS EN FRANCS

Fiche à découper

REPUBLIQUE FRANCAISE
R F

50
1994
50 Cinquante Francs
Banque de France
S 01600500

20
BANQUE
de FRANCE

200
1998
200 Deux Cents Francs
Banque de France
S 082214101

100
1997
100 Cent Francs
Banque de France

500
500 Cinq Cents Francs
Banque de France
0 M21725415

Fiche 3

LES CARTONS DES NOMBRES

Fiche à découper

1	2	3	4	5	6	7	8	9

10	20	30	40	50
60	70	80	90	100

200	300	400	500
600	700	800	900

1000	2000	3000
4000	5000	6000
7000	8000	9000

NEUF	HUIT	SEPT	SIX	CINQ	QUATRE	TROIS	DEUX	UN
CINQUANTE	QUARANTE	TRENTE	VINGT	DIX				
CENT	QUATRE-VINGT-DIX	QUATRE-VINGTS	SOIXANTE-DIX	SOIXANTE				
CINQ CENTS	QUATRE CENTS	TROIS CENTS	DEUX CENTS					
NEUF CENTS	HUIT CENTS	SEPT CENTS	SIX CENTS					
TROIS MILLE	DEUX MILLE	MILLE						
SIX MILLE	CINQ MILLE	QUATRE MILLE						
NEUF MILLE	HUIT MILLE	SEPT MILLE						

Fiche à découper

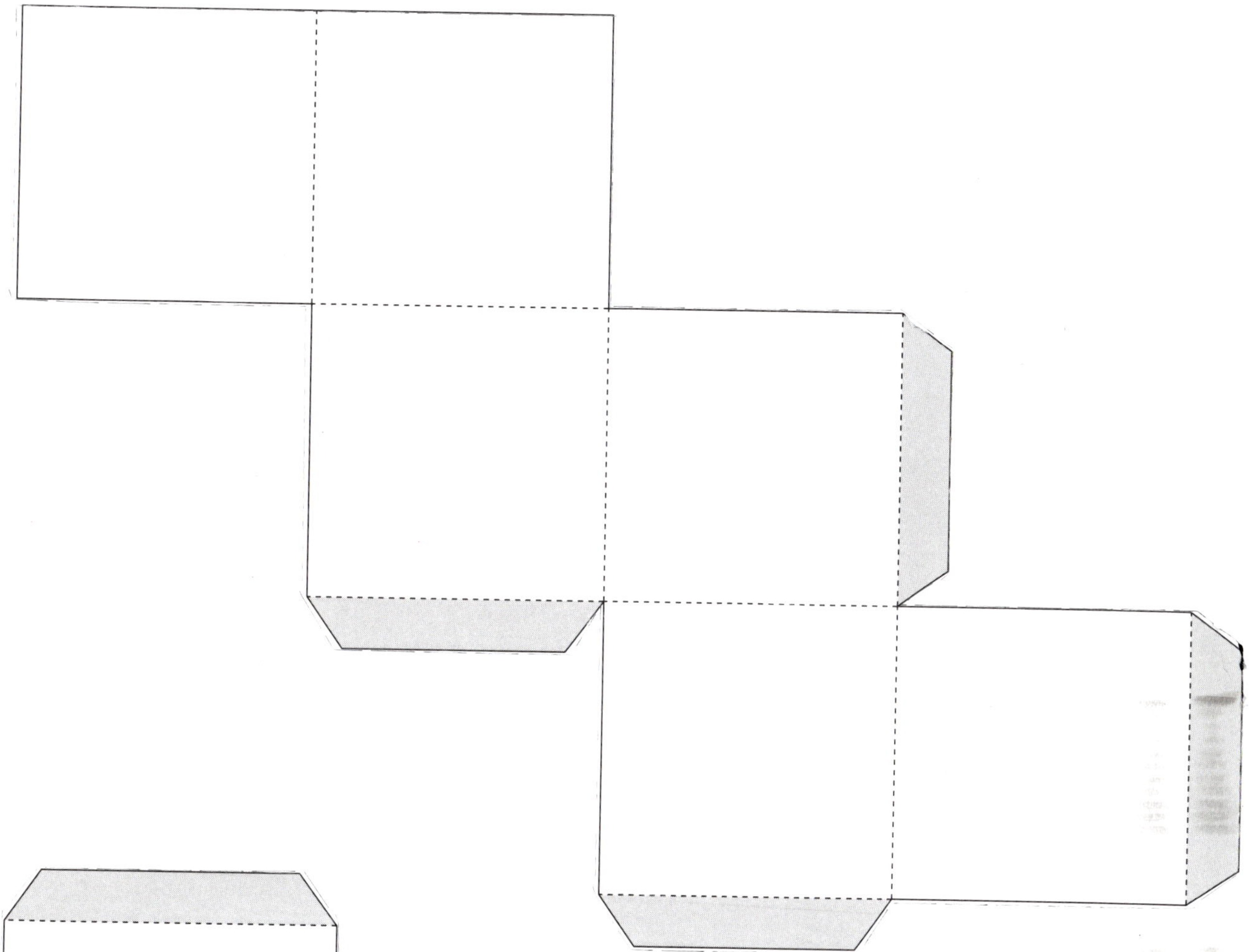

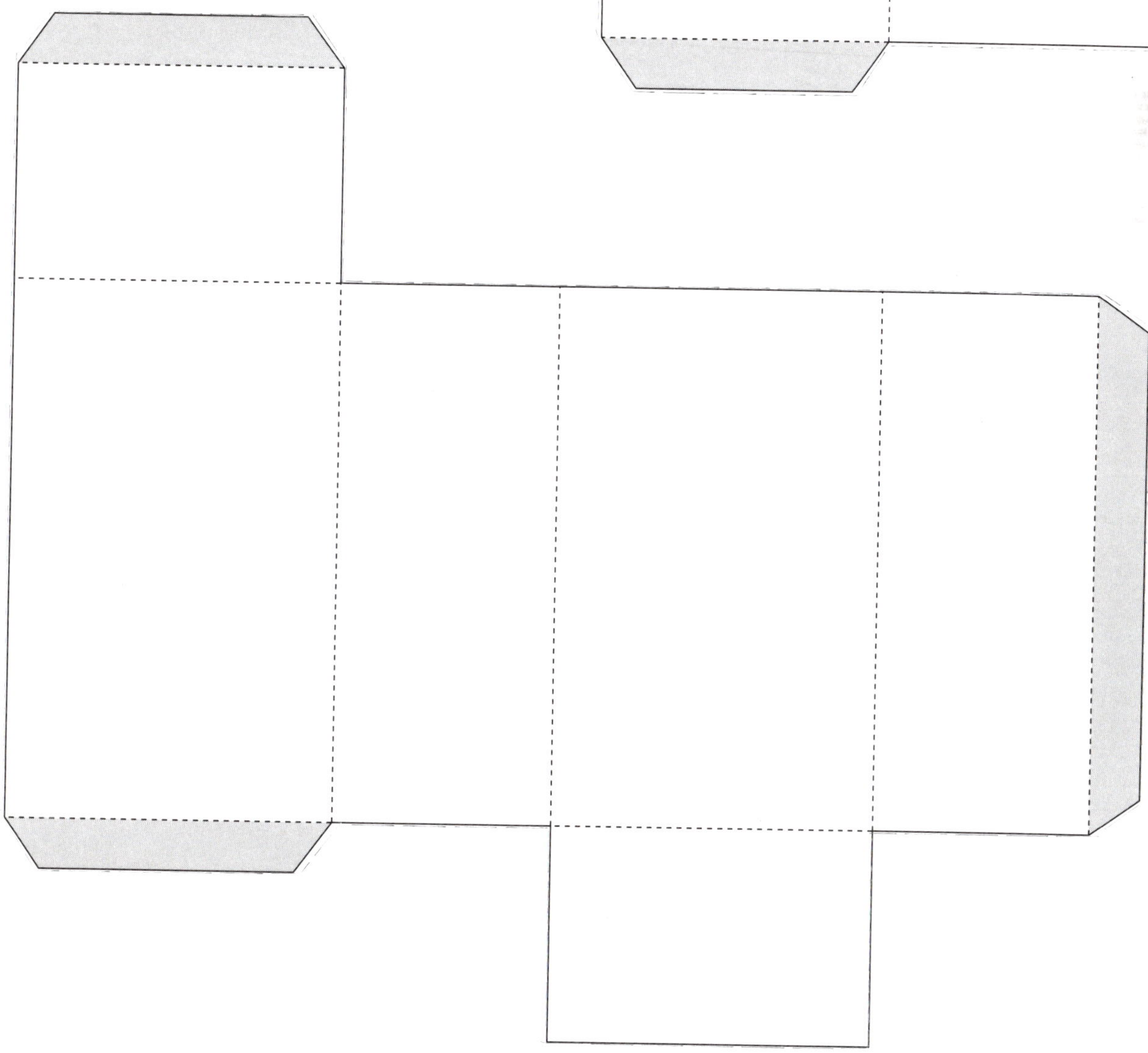